思维导图
说中国传统节日

王会东◎编著

袁浩◎绘

北京理工大学出版社
BEIJING INSTITUTE OF TECHNOLOGY PRESS

图书在版编目（CIP）数据

思维导图说中国传统节日 / 王会东编著；袁浩绘. —北京：北京理工大学出版社，2020.8
ISBN 978-7-5682-8520-9

Ⅰ.①思… Ⅱ.①王… ②袁… Ⅲ.①节日—风俗习惯—中国—青少年读物 Ⅳ.①K892.1-49

中国版本图书馆CIP数据核字（2020）第093132号

出版发行 / 北京理工大学出版社有限责任公司

社　　址 / 北京市海淀区中关村南大街 5 号

邮　　编 / 100081

电　　话 / （010）68914775（总编室）

　　　　　（010）82562903（教材售后服务热线）

　　　　　（010）68948351（其他图书服务热线）

网　　址 / http://www.bitpress.com.cn

经　　销 / 全国各地新华书店

印　　刷 / 三河市宏图印务有限公司

开　　本 / 787 毫米 × 1200 毫米　　1/24

印　　张 / 7.75　　　　　　　　　　　　　　　　　　责任编辑 / 李慧智

字　　数 / 100千字　　　　　　　　　　　　　　　　文案编辑 / 李慧智

版　　次 / 2020 年 8 月第 1 版　2020 年 8 月第 1 次印刷　责任校对 / 刘亚男

定　　价 / 55.00元　　　　　　　　　　　　　　　　责任印制 / 施胜娟

中国传统文化中的璀璨明珠——传统节日

五千多年前，当这个星球还处在野兽出没、遍地蛮荒的时期，我们的祖先就在这片古老的土地上开始创造着灿烂的中华文化。长江滚滚，泰岳魏巍，我们的民族传统文化就像那长江一样绵长而久远，又像那泰岳一样厚重而广博。

民族传统节日即是博大精深的民族传统文化中的一颗璀璨明珠。它的形成是一个历史文化长期积淀凝聚的过程，是从远古先民时期发展而来。这些节日或是表达对农业丰收的喜悦，或是表达对美好生活的向往，或是表达对祖先的感念，或是表达对神灵的敬畏，或是表达对国家的祝愿……总之，它清晰地记录着中华民族丰富多彩的社会生活内容，蕴含着深邃丰厚的文化内涵。

我国传统节日留存着华夏民族独特的文化记忆，凝聚并影响着中华民族的生活方式、价值观念、文化心理和审美旨趣。比如，在传统节日中，鞭炮迎春、元宵观灯、中秋赏月等丰富多彩的娱乐活动就是要竭力渲染和尽力营造合家团圆、普天同庆的精神文化氛围，这是历代先人们遗留下来的宝贵的文化传统。在这些传统节日里，我们找到了共同的社会生活、共同的文化心理、共同的民族认同感乃至于共同的中华民族。

所以，正是传统节日文化给予了人们宝贵的精神财富。

山无魂则枯，水无魂则涸，人无魂则病，一个民族无魂则亡。优秀的民族传统文化是民族之魂，是民族之根，它必将滋养这个民族不断发展，促进这个民族不断进步，激励这个民族奋发图强、生生不息。所以，在我国今天日新月异的现代化发展过程中，全体国民尤其是青少年学生还要继续传承好我们优秀的传统文化，并且不断发扬光大。

本书中的每个单元，都是按照节日的故事、简介、起源、习俗、饮食和相关古诗词六个板块来编写，集知识性与趣味性于一体。

本着对读者高度负责的态度，本书编写时，知识的讲述力争做到科学、准确、严谨，尽量考虑到我国地区节日习俗的共同性与差异性；语言的运用力争做到规范、简洁、通俗，尽量照顾到不同阶层、不同年龄的读者需求。本书付梓之前，虽然几易其稿，又经专家层层把关，也难免有疏漏之嫌，敬请读者批评指正。

王会东

序2

当下最流行的思维工具——思维导图

"传统节日"和"思维导图",这两个词看似没有什么关联,其实却是一种很好的结合。为了让大家清楚思维导图的每个部分叫什么,每一部分是怎么画出来的,我先来给大家介绍一下这个当下最流行的思维工具——思维导图的结构。

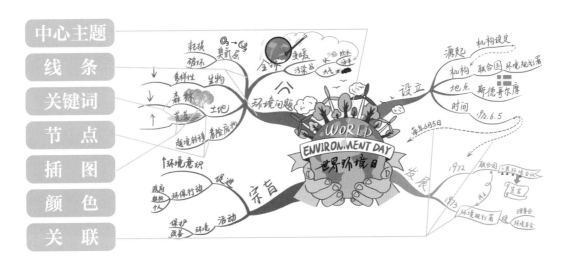

其实思维导图非常简单，总共包含7个要素。其中，每一张思维导图都会有一个中心主题。这张思维导图上所有的内容都是围绕着这个主题展开的。因为这个主题非常重要，所以我们通常会用一个最明显的图案表达主题。

这个图案有什么用呢？

第一，可以让我们在大量的思维导图中快速找到它，就像下面这张截图。这里有很多张思维导图，在缩略图的情况下，我们也能快速找到我最想要的那一个，就是因为有着非常清晰、醒目的中心图。

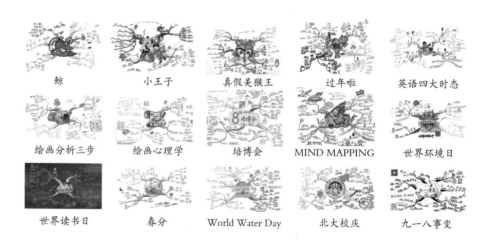

鲸	小王子	真假美猴王	过年啦	英语四大时态
绘画分析三步	绘画心理学	培博会	MIND MAPPING	世界环境日
世界读书日	春分	World Water Day	北大校庆	九一八事变

第二，花一点时间沉浸在中心主题的绘制过程，实际上也是让我们多一点时间思考这个主题，思考我们绘制这张思维导图的目的——我们到底要画什么，我们画给谁看，我们要画成怎样的方式，等等。

第三，突出的中心主题，能够刺激大脑时刻关注着这个关键点，让我们的思考不"溜号"，不跑题。

中心图绘制的过程一般按照如下步骤：

在横放的纸张上，找到中心位置，绘制你大脑中所想到的一个图案。这张思维导图我要绘制的是《世界环境日》。保护环境是什么样的画面呢？我想到的是一双手托起地球。

紧接着，根据需求，我们陆续完善中心主题。画成中心图。一般的中心图由3部分组成：

1. 直指核心的图案。这个图案不一定要精致，也不要求必须多么漂亮，但是要能够表达这张思维导图的主题内容。

2. 说明核心的文字。这张思维导图画的是什么，要把文字写在中心图上。

3. 要有3种以上的颜色。颜色是为了更加凸显、增强辨识度。

思维导图的第二个重要的部分是线条。线条有两种。一种是紧连着中心主题的粗线条，我们叫它主干；另一种是主干之后的细线条，我们叫它分支。那么如何画，如何看呢？

通常，在一张思维导图中，第一个线条默认为右上角的那一个，大约2点钟的方向。然后沿着顺时针的顺序绘制或者阅读。

绘制主干的时候，先画出轮廓，里边可以涂实颜色，也可以画一些小花纹，这个不做统一要求。然后画一条线，就在一条线上写好对应的关键词。关键词的颜色和线条的颜色最好一致，这样画起来不用来回换笔，比较节省时间。像下边5个小图这样。

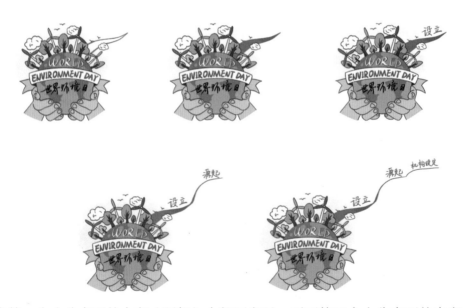

当第一个小分支下的内容（源起）全部画完后，再画第二个小分支下的内容（机构），然后第二个画完之后，再画第三个小分支（地点），以此类推。不可以一次把线

条都画完再最后写文字。因为这样非常容易出现错误，并且不好更正。

第三个重要结构就是关键词了，也就是这些线条上的文字。值得一提的是，这些文字都是词语，是一句话中最重要的几个词，而不是把整句话都写进去。

第四个部分，是节点。节点是什么呢？他们是线与线的交点。我们通常是通过节点和线条的组合来判断逻辑关系的。比如递进、总分、并列等。

比如这里的"设立"与"时间""地点"等就是总分关系，"时间"与"地点"就是并列关系，"设立""时间""1972.6.5"就是递进关系。

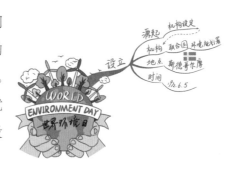

按照内容逻辑和要求，我们陆续画完这张思维导图的文字部分。步骤如下：

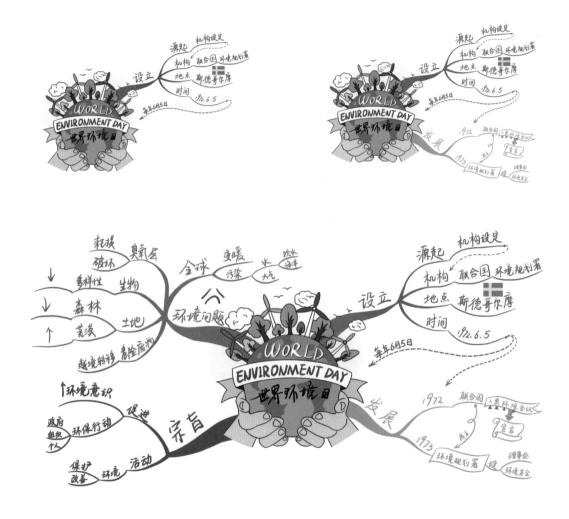

　　此外，思维导图还有三个要素是插图、颜色、关联。但是这三个要素不是每一张思维导图都必须有的。

　　插图就是除了中心主题之外的所有图像了，它们的作用是提示重要的信息，让我们产生回忆联想。不重要的地方，或者没有回忆需求的时候，是可以不画插图的。但是说回来，有插图的思维导图更利于我们记忆。

　　比如这张《世界环境日》思维导图，让孩子们正视环境问题、提高保护环境的意识更为重要，所以相比较第四版块的"环境问题"来说，世界环境日的设立过程、发展过程、设立宗旨就都没有那么重要了。根据这个需求，在第四版块增加了一些插图。

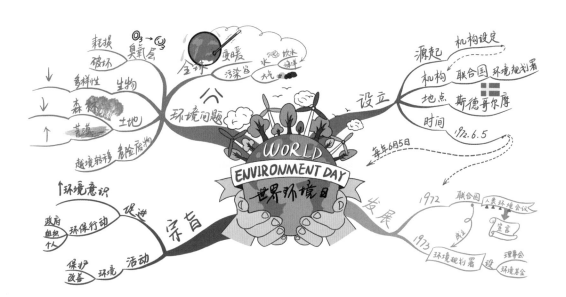

　　颜色指的是每一个区域有自己的颜色。我们看前边这张导图，每个大板块都有自己的颜色。相邻版块用对比鲜明的颜色区分，也是为了能够更快速地对所画的内容理解、分类、记忆。

　　关联指的是在思维导图当中，有一些游离在外边的线条。这些线条和中心图并不连在一起，它的两端可能指向两个关键词，或者插图。这样的线，是表明这两部分的内容有关联。比如这张思维导图中，第一板块的"时间"下，表示的是这个节日设立的时间是1972年6月5日，但是不是只有这一天才是，而是"每年的6月5日都是世界环境日"，这句话写上去会有点长，并且没有合适的位置。可以通过一个箭头加上解说，指向：世界环境日。

　　再比如第二部分中，1973年联合国成立环境规划署，这个"环境规划署"与上方的"联合国"有紧密的联系，需要用这样的关联线标注一下。

　　关联信息可以是用线条链接的，也可以是用一模一样的插图来表示。这个操作的方法在本书后边的导图中会用到。

　　思维导图只是一种思维工具，并没有标准答案。书中给到的导图只是其中的一种形式。比如读到相同的内容，不同人的脑海中可能会呈现不同的画面，所以小朋友们不用拘泥，可以充分发挥自己的想象力，画出自己心中的思维导图。希望这种思维工具可以帮助你在今后的学习中事半功倍。

袁浩

目录
contents

春节

道人除瘟

相传很久以前，正当春节来临之际，人们都染上了一种说不出的疾病。这种病很怪，人们都像喝醉了酒似的，个个都是头重脚轻，连抬手的力气都没有。

一天，一个老道打扮的人来到了一个村庄。他见村庄里静得都听不到鸡鸣狗叫，觉得十分奇怪。他见到一个中年人，连忙上前打听情况。中年人抬了一下眼皮，用微弱的声音，断断续续地说："全村人都得了一种像我这样的病。"

道人来到村东头的一处古庙里，面南盘坐，挑起单掌，合眼静坐，口中念念有词。原来，他是向南海观世音菩萨祈求医治瘟疫的方法。大约过了三个时辰，道人猛然站起来，飞快地跑回道观，刨出一堆萝卜装在袋子里，又飞快地跑回了村庄。

这时候，已是第二天大清早了。道人从一户人家找到一只大公鸡，拔下几根鸡毛，插在地上。道人合眼祈告着，脑海中又出现了与观音菩萨对话的场面：观音菩萨告诉他，等地气通时，让乡人每人啃吃几口萝卜，瘟疫便可自动解除。过了大约有一袋烟的工夫，插在地上的鸡毛突然动了起来，道人惊喜万分，他喊着："地气通了！地气通了！"他走家串户，让人们赶紧啃吃萝卜。结果，还真灵验，人们吃了萝卜之后，病就全都好了。

从此，乡人便在立春这天啃吃几片萝卜，以求平安。"啃春"的习俗也就流传至今了。

节日简介

　　春节就是指传统上的农历新年，又叫新年、大年、新岁。古时春节曾专指节气中的立春，也被视为是一年的开始，后来改为农历正月初一开始为新年。

　　年节是除旧布新的日子。年节虽定在农历正月初一，但年节的活动却并不止于这一天，从腊月二十三（或二十四）日小年节起，人们便开始"忙年"：扫房屋、洗头沐浴、准备年节器具等，所有这些活动，有一个共同的主题，即"辞旧迎新"。

　　年节也是祭天祈年的日子。人们通过祭神酬谢诸神（灶神、门神、财神、喜神、井神等）过去的关照，并祈愿在新的一年中能得到更多的福佑。

　　年节还是合家团圆、敦亲祀祖的日子。元日（正月初一）子时交年时刻，鞭炮齐鸣，辞旧岁、迎新年的活动达于高潮。

　　年节更是民众娱乐狂欢的节日。元日以后，各种丰富多彩的娱乐活动竞相开展：耍狮子、舞龙灯、扭秧歌、踩高跷、杂耍诸戏等，为新春佳节增添了浓郁的喜庆气氛。

节日起源

（1）胜鬼说。古代人们缺乏科学的种植技术，也没有先进的管理方法，每当地里的庄稼遭受雷电、冰雹、洪水、干旱、霜冻等侵袭，人们就觉得这是鬼怪在作祟；而一到早春时，又开始万物复苏，生机盎然，人们就觉得是鬼怪被打败了，由此有了一个欢庆的节日——胜鬼节，春节也就渐渐地流传下来。

（2）巫术说。原始社会的人们缺乏对自然灾害的了解和认识，信仰的是各种巫术，这些巫术仪式的做法和目的，与现在春节的除旧驱害等有一些相似之处，因此，有人认为春节就起源于这种巫术仪式。

（3）腊祭说。民俗学家认为，春节起源于神农氏时期的"索鬼神而祭祀"的腊祭活动。腊祭就是在岁末人们用自己一年劳动的部分所得来祭祀祖先和众神，并且祈求来年的丰收。

节日习俗

（1）拜年。春节期间走访拜年是年节最重要的传统习俗，是人们辞旧迎新、相互表达美好祝愿的一种方式。初二、三就开始走亲戚看朋友，相互拜年，道贺祝福。它的意义在于通过走访联络感情，表达对亲朋好友在新的一年里的美好祝福。

（2）逛庙会。逛庙会也是春节期间很普遍的民俗活动。其中广府庙会与北京地坛庙会并称中国两大庙会。广府庙会涵盖了木偶荟萃、中华绝活、武林大会等主题活动，包含了祈福文化、民俗文化、美食文化、商贸休闲文化等丰富的内容。仿清祭地表演是地坛庙会独有的传统节目，其场面宏大，再现了清代皇帝祭地，祈求地神保佑国泰民安、风调雨顺、五谷丰登的景象。

（3）迎财神。正月初五，按民间习俗是五路财神的生日，因此要迎接财神进家，保佑自家新的一年财源滚滚、连年有余，同时自然也是送"穷神"的日子，古有"送穷出门"一说。这一天又俗称"破五"，意思是之前几天的诸多禁忌至此就结束了。

节日饮食

（1）吃饺子。吃饺子是大江南北过年都有的习俗。过年吃饺子象征着招财进宝，代表更岁交子，寓意着来年财源滚滚，意味着团团圆圆。

（2）吃春卷。春卷也叫春饼。晋代已有"五芋盘"即"春盘"，是将春饼与菜同置一盘之内；唐宋时立春吃春饼之风渐盛，皇帝并以之赐近臣百官，民间也用以互相馈赠。春饼发展到今天，形制随地而异，大小也不尽相同，食用时间也因地而别。

（3）吃年糕。年糕属于农历新年的应时食品，它是用黏性大的糯米或米粉蒸成的糕，有红、黄、白三色，象征金银。年糕的种类有北方的白糕饦、黄米糕，江南的水磨年糕，西南的糯粑粑，台湾的红龟糕。春节吃年糕，寓意"万事如意年年高"。

（4）饮屠苏酒。屠苏酒，据说是我国汉末名医华佗创制，由大黄、白术、桂枝、防风、花椒、乌头等中药入酒中浸制而成，具有益气温阳、祛风散寒、避除疫疠之邪的功效。后由唐代名医孙思邈将其流传开来。屠苏，意为屠绝鬼气，苏醒人魂。据说于正月初一早上喝此酒，可保一年不生病。

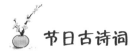 节日古诗词

元日^①（宋·王安石）

爆竹^②声中一岁除^③，春风送暖入屠苏^④。

千门万户曈曈^⑤日，总把新桃^⑥换旧符。

【注释】①元日：农历正月初一，即春节。②爆竹：古人烧竹子时使竹子爆裂发出响声，用来驱鬼避邪，后来演变成放鞭炮。③一岁除：一年已尽。除，逝去。④屠苏：指屠苏酒。饮屠苏酒也是古代过年时的一种习俗，大年初一全家合饮这种用中草药浸泡的酒，用来驱邪避瘟，求得长寿。⑤曈曈：日出时光亮而温暖的样子。⑥桃：桃符。古时，农历正月初一，人们用桃木板写上神荼、郁垒两位神灵的名字，悬挂在门旁，用来压邪。后来发展成春联。

【诗句大意】爆竹声中旧的一年已经过去，迎着和暖的春风开怀畅饮屠苏酒。初升的太阳照耀着千家万户，人们都把旧的桃符取下换上新的桃符。

田家元日^①（唐·孟浩然）

昨夜斗^②回北，今朝岁起东^③。

我年已强仕^④，无禄^⑤尚^⑥忧农。

桑野就耕父^⑦，荷^⑧锄随牧童。

田家占气候^⑨，共说此年丰。

【注释】①元日：农历正月初一。②斗：指北斗星。回北：指北斗星的斗柄从指向北方转而指向东方。古人认为北斗星斗柄指东，天下皆春；指南，天下皆夏；指西，天下皆秋；指北，天下皆冬。③起：开始。东：北斗星斗柄朝东。④强仕：强仕之年，即四十岁。⑤无禄：没有官职。禄，官吏的薪俸。⑥尚：还。⑦桑野：种满桑树的田野。就：靠近。耕父：农人。⑧荷：扛，担。⑨占（zhān）气候：根据自然气候推测一年收成的好坏。

【诗句大意】昨天夜里北斗星的斗柄从北方转向东方，今天早晨一年又开始了。我已经四十岁了，虽然没有官职但仍担心农事。我靠近在种满桑树的田野里耕作的农夫，和他们一起劳动，扛着锄头和牧童一起回家。农家人推测今年的收成，都说这一年是丰收年。

思维导图说春节

一、确定并绘制思维导图的中心图部分

主题是春节，那图案用什么表示呢？

春节是一个喜庆的节日，我们的印象中，会放鞭炮，挂灯笼，门上已经贴好了福字……这是对春节的第一印象，那就把它画出来。中心图的位置要在一张纸的最中间，位置大约占这张纸九分之一的大小。如果拿 A4 纸举例，中心图大约是一张银行卡、火车票那么大就可以了。

二、绘制思维导图的第一部分

第一部分是节日故事：道人除瘟。瘟疫长什么样子？很难想象，但是我们可以确定，是"看不见的大坏蛋"，可以画个小幽灵，一支箭除掉这个大坏蛋。然后可以继续画后边主要的内容：除瘟的时间和事件的经过。

三、绘制思维导图的第二部分

第二部分是节日的简介。包括春节的时间、别名、节日特点。按照自己对文章的理解，提取出来一些比较重要的"关键词"。为了让内容有更好的区分，我把本部分的颜色换成了蓝色。

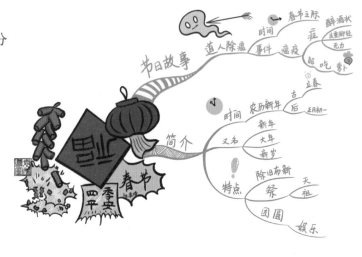

四、绘制思维导图的第三部分

第三部分是节日的起源。同样的，这部分再换一个颜色。有三种说法，这三种说法是并列的关系，我们把它画出来，继续分别在三个说法后边，进行具体阐述。

五、绘制思维导图的第四部分

第四部分是节日的习俗。拜年应该是每个地方都有的习俗，所以我可以在这里画个明显的插图。另外关于逛庙会、迎财神等，也是比较重要的习俗，都可以画在上面。

此外，这里的"啃春"与道人除瘟板块下的"吃萝卜"有关联。要用关联线连起来。同时画了个几乎一样的"萝卜"插图，可以呼应一下。"联络感情"是用一个锁链和三颗爱心表示的，当然大家也可以用自己想象的图案来代替。

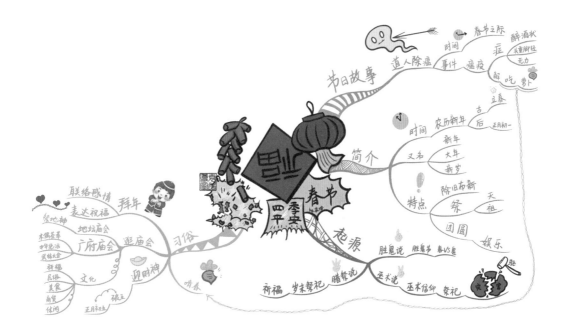

六、绘制思维导图的第五部分

第五部分是春节的饮食。饺子几乎是春节所有饮食中最重要的一种，因为无论大江南北，几乎都会包饺子、吃饺子。可以把一盘饺子作为这一部分的插图。

另外年糕寓意年年高，是用一个向上走的箭头表示的。

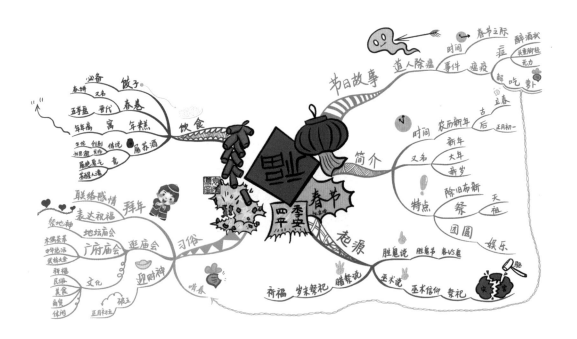

七、绘制思维导图的第六部分

最后一部分，是与春节相关的诗词。这部分的内容比较好玩，有很多种画法。这张思维导图给大家讲第一种画法。这种画法叫作自然逻辑法。

什么意思呢？因为按照自然的逻辑，是先有的这个朝代，然后有的这个作者，有了这个作者，才有了他的作品。所以这种"时间线索"就是这部分内容的自然逻辑。

所以本部分画的是：朝代—作者—作品名称。

后边的节日当中，还会给大家陆续展示不同的细节处理方式。

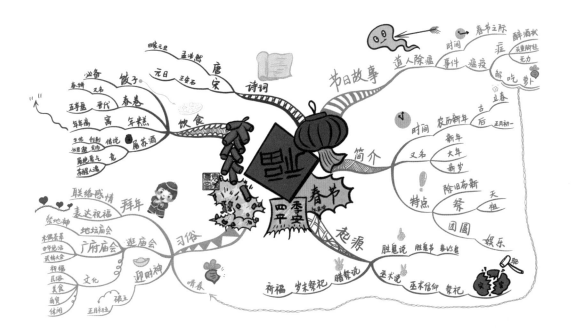

画出属于你的思维导图

每个人心中的春节思维导图都不一样，小朋友们，发挥你的想象力，画出你心中关于春节的思维导图吧！

元宵节

元宵姑娘

汉武帝时期，朝中有个著名的大臣叫东方朔，他非常善良又风趣。有一年冬天，下了几天大雪，东方朔就到御花园去给武帝折梅花。刚进园门，就发现有个宫女泪流满面准备投井。原来，这个宫女名叫元宵，家里还有双亲和一个妹妹，自从她进宫以后，就再也没有和家人见过面，每年到了腊尽春来的时节，就更加思念亲人。她觉得不能在双亲跟前尽孝，不如一死了之。东方朔听了她的遭遇，深感同情，就向她保证，一定设法让她和家人见上一面。

几天之后，东方朔在长安大街上摆了一个占卜摊。不少人都争着向他占卜求卦。不料，每个人所占所求，都是"正月十六火焚身"的签语。恐慌的人们纷纷求问解灾的办法。东方朔就说"正月十五日傍晚，火神君会派一位赤衣神女下凡查访，她就是奉旨烧长安的使者。我这里有解灾的方法，你们拿给天子看看，让他想想办法吧。"说完，便扔下一张红帖子，扬长而去。有人拿起红帖子，赶紧跑到皇宫去，报告给了武帝。

皇帝接过来一看，只见上面写着："长安在劫，火焚帝阙。十五天火，焰红宵夜。"他心中大惊，连忙请来了足智多谋的东方朔。东方朔假意地想了一想，就说："听说火神君最爱吃汤圆，宫中的元宵不是经常给你做汤圆吗？十五晚上可让元宵做好汤圆，万岁焚香上供，并且传令京都家家都做汤圆，一齐敬奉火神君。再传令臣民一起在

十五晚上挂灯，满城点鞭炮，放烟火，好像满城大火，这样就可以瞒过玉帝了。此外，通知城外百姓，十五晚上进城观灯，杂在人群中消灾解难。"武帝听后，就把东方朔说的解灾办法传令下去。

正月十五这一天，长安城里张灯结彩，游人来来往往，热闹非常。宫女元宵的父母也带着妹妹进城观灯，当他们看到写有"元宵"字样的大宫灯时，惊喜地高喊："元宵！元宵！"元宵听到喊声，终于和亲人们见面了。

如此热闹了一夜，长安城果然平安无事。汉武帝大喜，便下令以后每到正月十五都做汤圆供火神君，并且全城挂灯笼，放烟火。

节日简介

元宵节又称元夜、元夕、灯节、上元节或小正月，为每年农历正月十五日，是中国的传统节日之一。正月是农历的元月，古人称"夜"为"宵"，正月十五日是一年中第一个月圆之夜，所以称正月十五为"元宵节"。

春节从除夕关门守岁开始，一直到元宵节，是一个人们活动范围不断扩大、人际关系也不断得到扩展的过程。初一给家长拜年，初二回娘家拜年，以后逐步扩大拜年范围到一般亲戚朋友。在这个时段，人们的活动范围局限在熟人之间。初五是破五，农活可以开始干，商店可以开门了。这个时段，社会开始正常运作。到了正月十五，全体社会成员不分男女老幼都加入节日活动中。所以，元宵节具有加强和扩大社会成员（包括彼此不认识的）人际关系的意义。

节日起源

（1）据一般的资料与民俗传说，正月十五在西汉已经受到重视，汉武帝正月"上辛夜"（上辛日：指农历每月的第一个辛日。上辛夜就是上辛日的晚上。古代以甲子计日，每十日必有一个辛日。辛，天干中的第八位。每年正月上辛日，为帝王祈求丰年之日。）在甘泉宫祭祀"太一"（太一，又称天一、太乙、北辰，即北极星，靠近北天极。古人认为此星在天空上几乎不动，众星均绕其旋转。"太一"为天之中心，有群星拱卫的天文现象，故古人尊其为天帝。）的活动，被后人看作是正月十五祭祀天神的开端。

（2）东汉佛教文化的传入，对于形成元宵节俗有着重要的推动意义。东汉永平年间，汉明帝为了弘扬佛法，下令正月十五夜在宫中和寺院"燃灯表佛"。因此，正月十五夜燃灯的习俗，随着佛教文化影响的扩大及后来道教文化的加入，逐渐在中国扩展开来。

（3）南北朝时，元宵张灯渐成风气。梁武帝笃信佛教，其宫中正月十五日大张灯火。

（4）唐朝时，中外文化交流更为密切，佛教大兴，仕官百姓普遍在正月十五这一天"燃灯供佛"。从唐代起，元宵张灯就成为法定之事，并逐渐成为民间习俗。

节日习俗

（1）赏花灯。我国民间在元宵节有挂灯笼、猜灯谜、耍龙灯的习俗，所以元宵节也称灯节。赏花灯开始于西汉，兴盛于隋唐。隋唐以后，观赏花灯、烟火之风盛行，并传于后世。

（2）舞狮子。舞狮子是中国优秀的民间艺术，每逢元宵佳节或集会庆典，民间都以狮舞前来助兴。这一习俗起源于三国时期，南北朝时开始流行，至今已有一千多年的历史。

（3）踩高跷。踩高跷，是民间盛行的一种群众性技艺表演。高跷本属中国古代百戏之一种，早在春秋时已经出现。

（4）划旱船。划旱船也称跑旱船，就是在陆地上模仿船行动作。划旱船，民间传说是为了纪念治水有功的大禹的。

节日饮食

一提起元宵节的传统特色食品，大家就会不约而同地想到汤圆了。汤圆，北方把它称为元宵。尽管名称不同，但是，无论南方还是北方，元宵节吃汤圆这是最普遍的习俗。

元宵节的应节食品，在南北朝是浇上肉汁的米粥或豆粥，但这项食品主要用来祭祀，还谈不上是节日食品。到了唐朝，郑望之的《膳夫录》才记载了："汴中节食，上元油锤。"油锤的制法，类似于后代的炸元宵。及至南宋，就有所谓"乳糖圆子"出现，这应该就是汤圆的前身了。到了明朝，人们以"元宵"来称呼这种糯米团子。

近千年来，元宵的制作日渐精致。光就面皮而言，就有江米面、高粱面、黄米面和包谷面。馅料的内容更是甜咸荤素，应有尽有。制作的方法也南北各异，北方的元宵多用箩滚手摇的方法，南方的汤圆则多用手心揉团。元宵可以大似核桃，也有的小似黄豆。煮食的方法有带汤、炒吃、油汆、蒸食等，都同样美味可口。

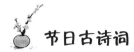 **节日古诗词**

正月十五夜（唐·苏味道）

火树银花合①，星桥②铁锁开③。

暗尘④随马去，明月逐人来⑤。

游伎⑥皆秾李⑦，行歌尽落梅⑧。

金吾⑨不禁夜⑩，玉漏⑪莫相催。

【注释】①火树银花：比喻灿烂绚丽的灯光和焰火，特指上元节的灯景。合：到处都是。②星桥：星津桥，天津三桥之一。③铁锁开：比喻京城开禁。唐朝都城都有宵禁，但在正月十五这天取消宵禁，桥上的铁锁打开，任平民百姓通行。④暗尘：暗中飞扬的尘土。⑤逐人来：追随人流而来。⑥游伎：歌女、舞女。⑦秾李：此处指观灯歌伎打扮得艳如桃李。⑧落梅：曲调名。⑨金吾：原指仪仗队或武器，此处指金吾卫，掌管京城戒备、禁人夜行的官名。⑩不禁夜：指取消宵禁。⑪玉漏：古代用玉做的计时器皿，即滴漏。

【诗句大意】正月十五之夜，到处灯火灿烂；大桥上打开了铁锁，游人可以随便出入。马蹄踏过处，尘土飞扬；全城到处都洒满了月光。歌女花枝招展，边走边唱《梅花落》。禁卫军特许通宵欢庆，计时器不要紧催天亮。

思维导图说元宵

一、确定并绘制思维导图的中心图部分

元宵节的思维导图与春节的画法基本一致。首先都是选定中心主题，绘制中心图。

你对元宵节的第一印象是什么呢？可能是碗里圆圆的元宵，那我们就可以把这个第一印象画出来。中心图的颜色要尽量活泼、喜庆，所以可选用红、黄为主的颜色，用少许的蓝色、绿色装饰下。位置依然要在一张纸的最中间。

为了让整个笔记更加有趣，我们还可以给每个元宵加上表情哦！

二、绘制思维导图的第一部分

第一部分是节日故事。主人公是元宵姑娘，我们可以画个小女孩。这一部分给大家讲一个思维导图绘制的知识点——图文结合。

插图有两种，第一种是为了提示重点或者吸引注意

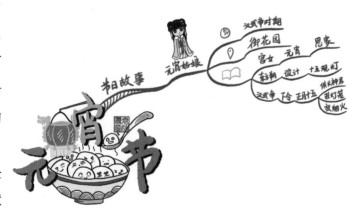

力，比如这个元宵姑娘，这种插图只要画在相关的关键词旁边即可。第二种是为了提升记录速度，或者用图像比文字表达更精准的情况下，我们在线条上替代了关键词的书写，比如这里的"钟表""定位符号"和"翻开的书"图标，分别代表着"时间""地点""故事情节"。

三、绘制思维导图的第二部分

第二部分是节日的简介。包括别称、过节的时间，节日特点等。

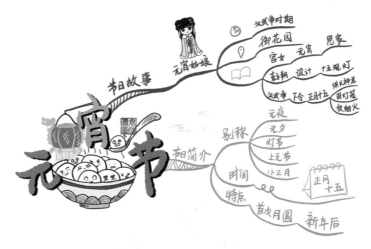

大家可能注意到，这里用来表示时间的是一个台历的插画，为什么不用第一部分里的钟表了呢？

因为插图必须表达真实的含义，不能有歧义。

比如第一部分里，元宵姑娘这个故事发生的时间是在汉武帝时期，这个"时间"是没有具体日期的，也没有具体的几点几分，所以我们用什么插图都可以，只要能表达出"时间"的意思就行。但是，如果时间是具体的日期的时候，我们画的小插图只能画日历，不能画钟表；再比如，如果我们遇到更为具体的时间，比如元宵晚会在几点几分，那这个插图就可以用一个小钟表了。

四、绘制思维导图的第三部分

第三部分是节日的起源。这里有很多种画法，我选取了其中一种。我们看一下第二级的四个分支——"始""推动""形成风气""法定"它们四个表示的是同一个维度，什么时候开始的，什么时候被大力推动，什么时候形成了风气，什么时候被立法规定……这是比较重要的"意义"。然后看第三级分支——"西汉""东汉""南北朝""唐"表示的都是时间，也就是二级分支上这些事情发生的时间。再往后就是补充说明了。这部分也有其他的画法，在后边会给大家展示。

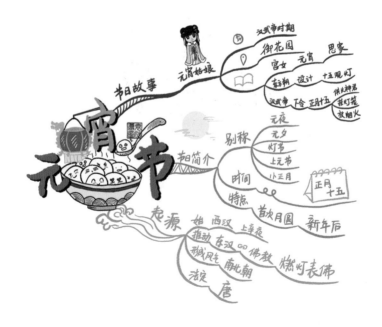

五、绘制思维导图的第四部分

第四部分是节日的习俗。我挑选了两个比较重要，地区差异不大的加上了两个对应的插图。

同样的，到这里大家应该也发现了，每个大板块之间的颜色是不同的，相邻之间的板块颜色一定要对比鲜明一些。

六、绘制思维导图的第五部分

第五部分是节日饮食。

元宵节的饮食，最有代表性的就是汤圆了。所以我画了个小汤圆。在这部分下，知识点是随着朝代更迭的，吃的汤圆也发生了变化。从南北朝到明朝，都有相应的饮食。其中南宋的乳糖圆子是汤圆的前身，明朝的元宵也是汤圆的近亲。这里有一条关联线——"乳糖圆子""前身"这两个关键词表达得不是很精准。乳糖圆子是谁的前身呢？加了一个虚线箭头指向汤圆，进行辅助说明。

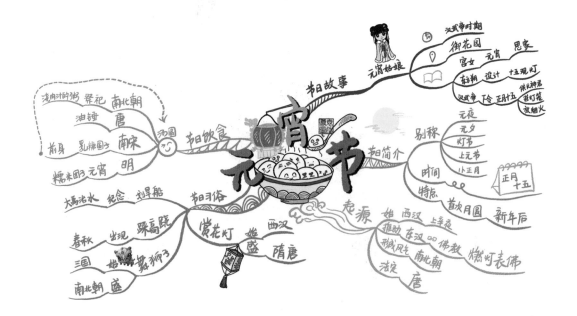

七、绘制思维导图的第六部分

第六部分，是节日诗词。上一节的春节用的是自然逻辑法，本小节用的是代表作先行法。

什么是代表作先行法？顾名思义，代表作是我们要重点学习、记忆的部分。涉及人物与文学常识的板块，代表作放在前边，有利于后期在这个区域补充更多的信息，也有利于突出重点，也就是作品本身。

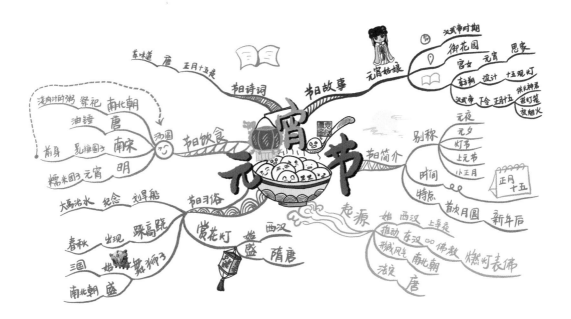

画出属于你的思维导图

每个人心中的元宵节思维导图都不一样，小朋友们，发挥你的想象力，画出你心中关于元宵节的思维导图吧！

社日节

土地爷的故事

相传韩湘子得道成仙后，他的爷爷名叫韩文公，也想成仙，就让韩湘子帮着修炼。

韩湘子告诉爷爷，修炼成仙可不像一般人想的那么容易，修炼期间要吃苦受难不说，还要心无杂念，真心向仙。韩文公点头都一一答应了。

有一天，韩湘子要背爷爷到终南山去修炼。走到半道时，他爷爷突然想，要是让老婆子跟自己一块儿去修炼，一起成仙，那该有多好。想到这里，他急忙大喊一声："湘子，快停下来！"

韩湘子听到爷爷的喊声，大吃一惊，一松手把爷爷从天空摔了下来，正好掉在了村头上，摔得鼻青脸肿，腰折腿断，不久就气绝身亡。

韩湘子怀着悲痛的心情，把爷爷的尸体，埋在了村头爷爷摔死的地方，并在旁边搭起了灵棚，供上了老人的牌位。他身穿孝服，为爷爷守灵三年。

韩文公生前，不仅对农活样样精通，与邻里乡亲的关系也搞得很好，谁家遇上困难事、邻里间有了解不开的疙瘩，都愿找他帮忙。因此，他在村里威信极高，平日里大家都很尊重他。

再说韩湘子，一边为爷爷守灵，一边诚心超度爷爷的灵魂升天，终于让爷爷名列仙班，并专管一方土地，成了土地神。

于是，大家凑钱在村头建起庙宇，塑了韩文公的神像。每逢老人的忌日，会有好多人来庙里烧香磕头，一是忘不了他以前的好处，对他诚心祭祀；二是祈求他保佑人间风调雨顺，五谷丰登。人们都很尊重他，亲切地称他为土地爷，渐渐忘了他的真实姓名。

节日简介

社日节，又称土地诞，是古老的中国传统节日。"社"字从"示"从"土"，"示"表示祭祀，"土"是土地，那么，"社"就是祭土地的意思。古代把土地神和祭祀土地神的地方都叫"社"。按照我国民间的习俗，每到播种或收获的季节，农民们都要立社祭祀，祈求或酬报土地神。

社日分为春社和秋社。春社按立春后第五个戊日推算，一般在农历二月初二前后；秋社按立秋后第五个戊日，约在新谷登场的农历八月。

古人认为土生万物，所以土地神是广为敬奉的神灵之一。人们以为该神管理着五谷的生长和地方的平安。二月初二是土地公（又称福德正神）的生日，在中国南方地区，称"土地诞"。为给土地公公"暖寿"，有的地方有举办"土地会"的习俗，家家凑钱为土地神祝贺生日，到土地庙烧香祭祀，敲锣鼓，放鞭炮。

春社和秋社这两个传统节日，表明了古代劳动人民对于农业和粮食的重视。后世把这两个节日渐渐淡化了，到现代几乎没有人知道。

节日起源

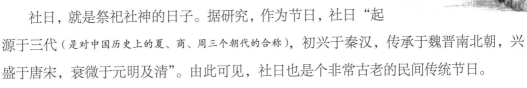

社日最早起源于对土地的崇拜。土地是人类居住生活的场所，是人类获取生存资料所需（衣、食、住等）最重要的源地。我国先民早就对土地有着深深的崇敬和膜拜，但由于"土地广博，不可遍敬也；五谷众多，不可一一祭也。故封土立社而示有土尊"。

随着原始崇拜向人格神崇拜的转变，对土地的原始崇拜也就转化为对土地神的崇拜，以前作为广袤土地象征物的土堆也便成为土地神寄寓的场所和标志，即社主。祭社还有配祭制度，所谓"社稷，土谷之神，有德者配食焉"。

社日，就是祭祀社神的日子。据研究，作为节日，社日"起源于三代（是对中国历史上的夏、商、周三个朝代的合称），初兴于秦汉，传承于魏晋南北朝，兴盛于唐宋，衰微于元明及清"。由此可见，社日也是个非常古老的民间传统节日。

节日习俗

（1）社日是古代全民祭祀社神的盛大节日。祭祀社神先得设坛立庙。君王立的庙称"王社"，百姓立的庙称"大社"。如北京中山公园的社稷坛，这就是明清皇帝祭社的"王社"。百姓立的社，如今多称土地庙。遍布各地城乡的土地庙有大有小：城镇多由居民捐钱建造庙宇；乡间则在村外头大树下，砌个一二米见方的小庙，或用四块石片，三块作墙，一块盖顶。

（2）社日又是古代全民聚会盛宴的欢庆节日。帝王亲赴"王社"祭祀祈年后，还要欢宴群臣。百姓则在本村集体祭祀的社神，村民凑钱买来猪羊，然后敲锣打鼓，抬着猪羊，提着酒壶和各种供品，聚集社神庙前，焚香祭拜，祈求五谷丰登。祭祀完了，按户分肉，并在庙前野炊，聚餐欢饮，等到太阳落山才纷纷回家。

（3）在许多地区的民间，还有在社日这一天看社戏的风习。鲁迅先生的小说《社戏》被选入中学课本，很多人都看过。社戏不仅在中国大陆流行，而且在台湾也很流行，除了汉族外，当地原住民也有春社时张灯结彩演社戏、给土地神过生日的习俗。

节日饮食

（1）分社肉。春社日，人们聚集在社庙前，按各自族里面的定例，摆上猪羊肉等食品供奉社神，祈求社神赐福，并且保佑五谷丰登。接着，将祭过社神的猪羊肉平分给各人，这猪羊肉称"社肉"或"福肉"。能够分到社肉，被认为是受到神的恩赐。把社肉拿回家，当晚全家共同分享，让全家老少都能受到土地神的惠泽。

（2）饮社酒。在社日这一天祭祀土神、饮酒庆贺，称所备之酒为社酒。

节日古诗词

社日①（唐·王驾）

鹅湖②山下稻粱肥③，豚栅④鸡栖⑤半掩扉⑥。

桑柘⑦影斜春社散，家家扶得醉人归。

【注释】①社日：古代祭祀土地神的节日。春秋各一次，称为春社和秋社。②鹅湖：在江西省铅山县，一年两稻，时逢春社日，稻粱已肥。③稻粱：水稻和高粱，代指农作物。肥：作物籽粒饱满。④豚栅：猪栏。⑤鸡栖：鸡窝。⑥扉（fēi）：门。⑦桑柘（zhè）：桑树和柘树。

【诗句大意】鹅湖山下，庄稼长势喜人；家家户户猪满圈、鸡成群，院门半开着。天色已晚，桑树柘树的影子越来越长，春社的欢宴才渐渐散去；喝得醉醺醺的人在家人的搀扶下高高兴兴地回家了。

社日（宋·陆游）

太平①处处是优场②，社日儿童喜欲狂。

且看参军唤苍鹘③，京都④新禁⑤舞斋郎⑥。

【注释】①太平：地名。另指安定、富足。②优场：剧场、戏台。古代称演戏的人为"优"。③参军、苍鹘（hú）：都是戏曲中的角色名。参军是正角，扮演痴呆愚笨的角色；苍鹘是配角，扮演机智发难的角色。④京都：是当时南宋的都城临安，就是现在的杭州。⑤新禁：最新禁止。

⑥舞斋郎：古代舞队表演的一种滑稽、讽刺性的舞剧。

【诗句大意】现在是太平盛事，到处的戏台都在上演社戏；时逢社日，老老少少都出来看戏，孩子们高兴极了。看看舞台上演员表演得多么热闹，可是都城临安却颁发了禁止演出《舞斋郎》的命令。

思维导图说社日

一、确定并绘制思维导图的中心图部分

在本节中社日节的思维导图，我给大家展示的是文字版导图。这是思维导图的另一种画法。

这种类型的思维导图的绘制顺序与前几节的顺序是一致的，但是绘制的方式做了微调——这种思维导图没有插图。

那么，没有插图的思维导图怎么画，怎么用呢？首先选定中心主题，绘制中心图。社日的节日故事，是关于土地公公的故事。我在看到这儿的时候，脑海中出现了一个土地公公的形象，所以就把他化成了中心图。位置还是要固定在一张纸的最中间。

二、绘制思维导图的第一部分

接下来我们开始第一部分的绘制。

没有插图的思维导图有两个好处，也有两个不足。我们要根据自己的实际情况来选择是否采用这种形式。

先来说两个好处：

第一，我们在绘制的时候，不用考虑插图画在哪里、画什么、怎么画，就会节省很多绘制时间。

第二个好处就是，布局看着会更加轻松，整体感觉东西少，内容简单，在后期复习的时候，不会有太大的心理压力。

再来说说两个不足：

首先，虽然看上去整洁干净了，但是不免有些枯燥。

第二，缺少了插图元素，在后期记忆的时候，效率会降低。

所以，综合来看，这种没有插图的思维导图，更适合快速记录，信息整合，但是对于需要记忆、联想、展示等方面的应用是不适用的。

三、绘制思维导图的第二部分

接下来是节日的简介，根据文章内容提炼关键点，画出主干后，在分支上放关键词。

四、绘制思维导图的第三部分

第三部分是节日的起源。

虽然这种思维导图没有大插图，但是可以有一些箭头或者标识。这种箭头化的处理，便于我们快速理解所绘部分思维导图的含义。

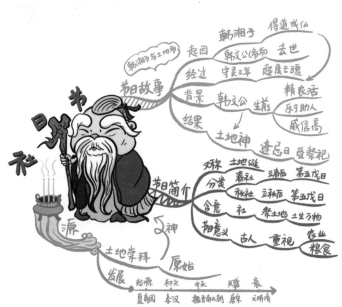

五、绘制思维导图的第四部分

第四部分是节日习俗。

我们知道鲁迅先生的作品《社戏》与社日节有一定的关系，但相关性又不是特别强，所以我们不直接画成在节日习俗的下一个分支，而是用一个箭头引出来，画在邻近空白的地方。

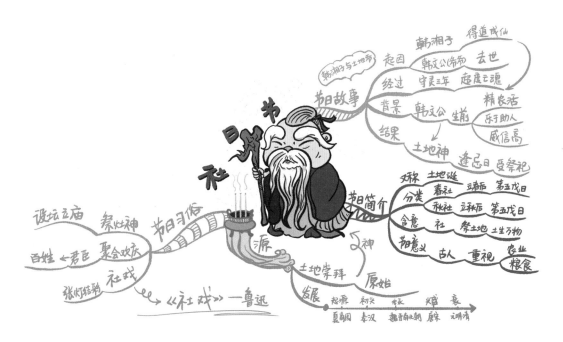

六、绘制思维导图的第五部分

第五部分是节日饮食，分支为分社肉、饮社酒、互送食物。

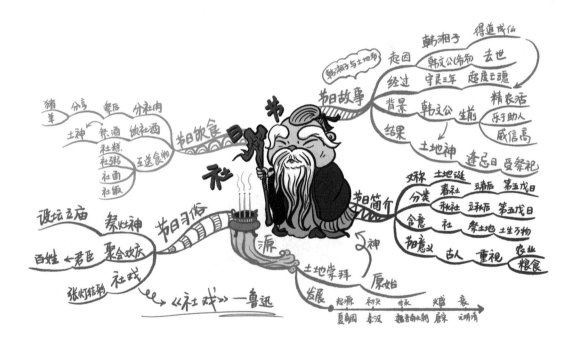

七、绘制思维导图的第六部分

最后一部分是节日诗词。这里涉及了第三种画法，叫作重复信息提前法。

因为两个作者写的作品同名，为了使思维导图简洁，我们可以把重复的、相同的信息，提取到最前边。按照逻辑，就是：先提取出共同的作品名《社日》，然后两个分支分别是两个作者，一个是唐代的王驾，另一个是宋代的陆游。

当然，如果你还是觉得带插图的思维导图更好看，我们不妨发挥自己的创造力，在这张思维导图上画上插图哦，让它更漂亮一点。

画出属于你的思维导图

每个人心中的社日节思维导图都不一样，小朋友们，发挥你的想象力，画出你心中关于社日节的思维导图吧！

寒食节

介子推的故事

相传春秋战国时代，晋国公子重耳为了躲避祸害，流亡出走，原来跟着他一道出奔的臣子，大多各奔东西，只剩下少数几个忠心耿耿的人，其中一人叫介子推。有一次，重耳饿昏了过去，介子推为了救重耳，从自己腿上割下一块肉，用火烤熟了就送给重耳吃。

十九年后，重耳回国做了君主，就是著名春秋五霸之一的晋文公。晋文公对那些和他同甘共苦的臣子大加封赏，唯独忘了介子推。有人在晋文公面前为介子推叫屈，晋文公猛然忆起旧事，心中有愧，马上差人去请介子推上朝受赏封官。可是，差人去了几趟，介子推却不慕名利，坚决不来。晋文公只好亲自去请，可是，晋文公来到介子推家时，只见大门紧闭，原来是介子推不愿见他，已经背着老母躲进了绵山。

晋文公便让他的御林军上绵山搜索，却没有找到。于是，有人出个主意说，不如放火烧山，三面点火，留下一方，大火起时介子推会自己跑出来的。晋文公于是下令举火烧山，谁料大火烧了三天三夜，终究不见介子推出来。上山一看，介子推母子俩抱着一棵烧焦的大柳树已经死了，并留下遗言："割肉奉君尽丹心，但愿主公常清明。"为纪念介子推，晋文公将当天定为寒食节。第二年晋文公登山祭奠，柳树竟然复活，便赐老柳树为"清明柳",并把寒食后一天定为"清明节"。

经过两千多年的演变,寒食节已经超出节气的意义,具有相当丰富的内涵。各地都发展出了不同习俗,而扫墓祭祖、踏青郊游是基本主题。

节日简介

寒食节,也称作禁烟节、冷节、百五节。寒食节初为节时,禁烟火、只吃冷食,在后世的发展中逐渐增加了祭扫、踏青、秋千、蹴鞠、牵勾、斗鸡等风俗。

寒食节在夏历冬至后105日,一般在清明前一二日。介子推的故事发生之后,才将寒食节定为清明节前一天。

最初寒食节持续一个月,后来逐渐变为三天。据《后汉书》记载,当时的寒食节时间很长,最长的105天,最短的也要近1个月。由于寒食对人的健康不利,魏武帝曹操当政后,下《明惩令》云:"令到,人不得寒食。犯者,家长半岁刑,主吏百日刑,令长夺一月俸。"寒食之风至此才有所收敛。

从春秋时期至今,寒食节已有2 600多年的历史。伴随着岁月的流逝,寒食节渐渐地融入了清明节,介子推所代表的封建愚忠思想也已沉入历史长河。不过,寒食所代表的人们对忠诚、廉洁、政治清明的赞许,还是有着积极意义的。

节日起源

在民间传说中，寒食节虽与介子推有关，但寒食的起源，并非为纪念介子推，而是沿袭了上古时代的改火旧习，在《周礼》中就有"仲春以木铎循火禁于国中"的记载。上古时代，每到初春季节，气候干燥，不仅人们保存的火种容易引起火灾，而且春雷的发生也容易引起山火。古人在这个季节要进行隆重的祭祀活动，把上一年传下来的火种全部熄灭，就是所谓的"禁火"，然后重新钻燧取出新火，作为新一年生产与生活的起点，称作"改火"或"请新火"。改火时，要举行隆重的祭祀活动，将谷神稷的象征物焚烧，称为"人牺"。相沿成俗，便形成了后来的禁火节。禁火与改火之间有间隔的时间，史料有三日、五日、七日等不同说法。而在这段无火的时间里，人们必须准备足够的熟食以冷食度日，即为"寒食"，故而得名"寒食节"。寒食节前后绵延两千余年，被称为民间第一大祭日。

节日习俗

（1）禁烟冷食。寒食节古代也叫"禁烟节"，家家禁止生火，都吃冷食。

（2）插柳。柳为寒食节象征之物，原为怀念介子推追求政治清明之意；后来民间有"清明（寒食）不戴柳，红颜成白首"的说法。

（3）荡秋千。秋千原为古代寒食节宫廷女子游乐项目。宋代宰相文彦博《寒食日过龙门》诗中有句："桥边杨柳垂青线，林立秋千挂彩绳。"

（4）蹴球。蹴球，就是踢球，盛行于唐，历史记载唐德宗、宪宗、穆宗、敬宗都喜蹴球。

（5）咏寒食诗。寒食节时，文人们或思乡念亲，或借景生情，感慨尤多，灵感顿生，于是诗兴大发。据查，仅《全唐诗》就有名人名家咏寒食诗词300余首，宋、金、元词曲中也有100余首，成为中国诗歌艺术中的一枝奇葩。

此外，寒食节时期还有赐宴、赏花、斗鸡、镂鸡子、牵钩（拔河）、放风筝、斗百草等活动，极大地丰富了中国古代的节日生活。

节日饮食

（1）寒食粥。寒食节日期间，百姓家家不许动烟火，需备冷麦粥等食用，借此纪念介子推。这寒食粥便是因寒食节而流传下来的节日饮食。

（2）饧（táng）。即现代的饴糖，是古代寒食节的专备食品。"海外无寒食，春来不见饧""市远无饧供寒食""箫声吹暖卖饧天"，从众多提到饧的寒食诗作中不难看出，古代过寒食节必须有饧食；没有饧，根本不叫过寒食节。

（3）清明果。在寒食节前后制作的一种食物，形状像饺子，但味道截然不同，外皮用鼠鞠草或艾草做成，馅有韭菜、鸡蛋、豆腐干等。

（4）润饼菜。又称润饼、嫩饼菜，是春卷的一种，发源于泉州，而后流行于台湾、福建地区。

（5）青精饭。又称乌饭、乌米饭、乌稔饭，用乌饭树的汁浸染糯米而煮成的饭，颜色乌青，是流行于江苏地区的寒食节食品。

（6）蛇盘兔。用面粉捏成"蛇"和"兔子"的形状，"蛇"代表介子推的母亲，"兔子"代表介子推自己。"蛇"和"兔"缠绕在一起，用来表达孝道之心。

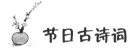

节日古诗词

寒食寄京师诸弟（唐·韦应物）

雨中禁火①空斋②冷，江上流莺③独坐听。

把酒④看花想诸弟，杜陵⑤寒食草青青。

【注释】①禁火：旧俗寒食节这一天不生火做饭。②空斋：空荡荡的书斋。③流莺：飞行不定的黄莺，也就是黄鹂。④把酒：举酒，指饮酒。⑤杜陵：地名，在

今陕西西安市东南杜陵塬上，内有汉宣帝陵、王皇后陵及其他陪葬陵墓。

【诗句大意】雨中的寒食节，空荡荡的书斋更显得寒冷；我独自坐在江边听黄莺的鸣叫。端着酒杯赏花时又想起了家中的几个弟弟；寒食时杜陵这一带已是野草青青了。

临江仙·暮春（宋·赵长卿）

过尽征鸿①来尽燕，故园②消息茫然③。

一春憔悴有谁怜。怀家寒食夜，中酒④落花天。

见说⑤江头春浪渺，殷勤⑥欲送归船。

别来此处最萦牵⑦。短篷南浦⑧雨，疏柳断桥⑨烟。

【注释】①征鸿：即远征的大雁。②故园：旧家园，故乡。③茫然：模糊不清的样子；无所知的样子。④中（zhòng）酒：醉酒。⑤见说：告知，说明。⑥殷勤：热情。⑦萦牵：牵挂。⑧南浦：南面的水边，后来泛指送别之地。⑨断桥：地处杭州西湖东北角，与白堤相连。

【诗句大意】客居他乡，看尽了过往的大雁和燕子，而故乡的消息却茫然不知。整个春天都在思念家乡，人已憔悴有谁怜惜？于是只好在这落花时节的寒食夜以酒浇愁。听说江水春波浩渺，像是有意要送归船返回家乡。那一江春水是最令人魂牵梦萦的。想象着登上归船，听着春雨打着船篷，看着断桥边上的疏柳淡烟。

思维导图说寒食节

一、确定并绘制思维导图的中心图部分

　　首先确定中心图。寒食讲的是介子推的故事，我们就可以把这个故事"放火烧山"和烧山后的"祭拜纪念"画在中心图上。

二、绘制思维导图的第一部分

　　第一部分是节日故事，包括故事的背景、过程、结果，再在每一项下的分支做延伸和补充。

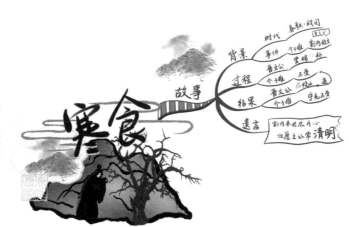

三、绘制思维导图的第二部分

第二部分是节日的简介，包括节日的别称、时间、历史、特点和意义。这部分的时间部分中也提到介子推，由于寒食节与介子推的关系，这里用一个箭头来关联。

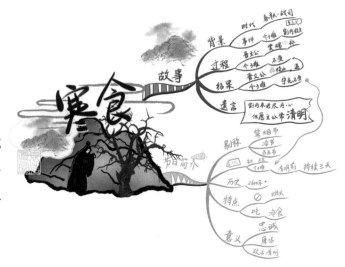

四、绘制思维导图的第三部分

第三部分是寒食节的起源，用水代表源头。

五、绘制思维导图的第四部分

第四部分是寒食节的习俗。

很多人误认为思维导图的插图必须复杂、美观。但并不是这样。

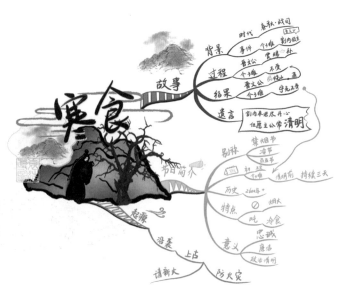

　　比如"插柳"旁边的柳树插图，单看会觉得很丑，但是却能帮助我们记忆。这种能表达自己意图的简单插图，既容易绘画，又能达到记忆的效果。

　　再比如秋千、小箭头、小风筝的插图，也都是很简单的。

　　此外，在这个分支上有个红色小旗子，它与"节日简介"部分的红色小旗子是一样的，表示这两处为"关联信息"。意思是说这两个同样的小旗子处的相同的两个关键词"禁烟"和"冷食"是寒食节的主要特点，所以用相同的符号来标示。在之后的思维导图绘制中，不一定要用小旗子，也可以用其他相同的小图案表示同一个内容。

六、绘制思维导图的第五部分

接下来是第五部分节日饮食。

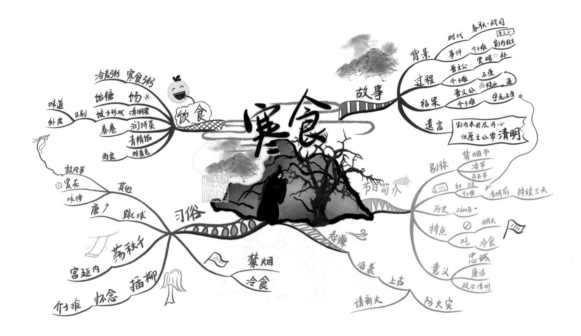

七、绘制思维导图的第六部分

最后一部分，是寒食节的诗词，绘制顺序：朝代—作者—作品名称。

画出属于你的思维导图

每个人心中的寒食节思维导图都不一样，小朋友们，发挥你的想象力，画出你心中关于寒食节的思维导图吧！

清明节

刘邦祭祖

秦朝末年，历经4年多，刘邦终于打败霸王项羽，赢得天下，建立了西汉政权。

刘邦衣锦还乡时，想去双亲的坟墓上去祭拜，却因为连年战争，使得一座座的坟墓上长满杂草，他无法找到自己父母的坟墓。刘邦非常难过，虽然部下也帮他寻遍所有的墓碑，可是直到黄昏还是没找到他父母的坟墓。最后刘邦从衣袖里拿出一张纸，撕成许多小碎片，紧紧捏在手上，然后向上苍祷告说："父母在天有灵，我将把这些纸片，抛向空中，如果纸片落在一个地方，风都吹不动，就是父母坟墓。"说完刘邦把纸片向空中抛去。果然有一个纸片落在一座坟墓上，不论风怎么吹都吹不动。刘邦跑过去仔细看那墓碑，上面刻着的正是他父母那模模糊糊的名字。

后来民间的百姓，也和刘邦一样每年的清明节都到祖先的坟墓前去祭拜，并且用小土块把几张纸片压在坟上，表示这座坟墓是有人祭扫的。

节日简介

清明节，又称踏青节、行清节、三月节、祭祖节，节期在仲春与暮春之交。它起源于上古时代的春祭活动，兼具自然与人文两大内涵，既是自然节气点，也是传统节日，是节气与节日的合体。

清明节气，是干支历法中表示季节变迁的二十四个特定节令之一。这一时节，阴气衰退，气温升高，阳光明媚，万物萌发，大地呈现出一派欣欣向荣的景象。此时正是郊外踏青与行清墓祭的好时节，"天人合一"的传统哲学思想在清明节中得到了完美的体现。

清明节日，全国因地域不同而又存在着习俗内容上或细节上的差异，各地节日活动虽不尽相同，但扫墓祭祖、踏青郊游是共同的、基本的礼俗主题。每逢清明时节，人们无论身处何方，都会回乡参加祭祖活动，缅怀祖先。

 节日起源

（1）清明节历史悠久，它源自上古时代的春祭活动。

（2）对祖先的信仰是清明祭祖礼俗形成的重要因素。清明节气特点与祖先信仰、祭祀文化逐渐衍化成清明祭祖节日，清明祭祖经历代沿袭也就成为固定的风俗。

（3）清明节的得名还源于我国农历二十四节气中的清明节气。作为节气的清明，时间在春分之后，这时冬天已去，春意盎然，天气清朗，四野明净，大自然处处显示出勃勃生机，用"清明"称这个时期，是再恰当不过的一个词语。

节日习俗

（1）扫墓祭祖。

扫墓源自商朝，但不一定是在清明之际。清明扫墓到唐朝才开始盛行，并流传至今。从唐朝开始，上至君王大臣，下至平民百姓，都要在这一节日祭拜先人亡魂。

清明节是传统的春祭大节，扫墓祭祖是清明节习俗的中心内容。

清明祭祀按祭祀场所的不同可分为墓祭和祠堂祭。

墓祭是最普遍的一种方式。扫墓时，首先要整修坟墓，主要是清除杂草，培添新土。这种仪式，一方面可以表达祭祀者对亡人的孝敬和关怀；另一方面，古人认为祖先的坟墓和子孙后代的兴衰祸福有着密切联系，所以培墓是极为重要的祭奠仪式。然后，要把所带的酒食果品等供祭在先人墓前，再将纸钱焚烧，再叩头行礼拜祭。

另一种形式是祠堂祭，又称庙祭。祠堂祭是宗族的共同聚会，有的地方直接称为"清明会"或"吃清明"。除了修整坟墓外，其内容大致与墓祭相同。

现在，为了防止火灾和环境污染，国家提倡文明祭扫，一般是将烧纸钱改为献鲜花。扫墓用什么鲜花最合适呢？选择鲜花可根据逝者的年龄和生前喜好，如菊花、勿忘我、马蹄莲、康乃馨等。

（2）踏青郊游。

踏青郊游，也称"踏春"，古代叫"探春""寻春"。中国的踏青习俗由来已久，传说远在先秦时已形成，也有说始于魏晋，至唐宋尤盛。

清明节除了上述扫墓祭祖、踏青郊游的习俗之外，还有好多游乐的习俗，比如延续至今的拔河、斗鸡、放风筝和荡秋千等，也还有些曾盛行一时而今天已不复见的习俗，如射柳和蹴鞠（cù jū）。另外，我国还有在清明节植树的风习。

节日饮食

（1）吃馓子。我国南北方都有清明节吃馓子的食俗。"馓子"为一种油炸食品，香脆精美，古时叫"寒具"。寒食节禁火寒食的风俗在我国大部分地区已不流行，但与这个节日有关的馓子却深受世人的喜爱。现在流行于汉族地区的馓子有南北方的差异：北方馓子大方洒脱，以麦面为主料；南方馓子精巧细致，多以米面为主料。

（2）吃青团子。清明时节，江南一带有吃青团子的风俗习惯。青团子是用一种名叫"浆麦草"的野生植物捣烂后挤压出汁，接着取用这种汁同晾干后的水磨纯糯米粉拌匀揉和，然后开始制作团子。团子的馅心是用细腻的糖豆沙制成，在包馅时，另放入一小块糖猪油。团坯制好后，将它们入笼蒸熟，出笼时用毛刷将熟菜油均匀地刷在团子的表面，便大功告成了。

（3）吃清明螺。清明节期间，正是采食螺蛳（luó sī）的最佳时节，因这个时节螺蛳还未繁殖，最为丰满、肥美，故有"清明螺，抵只鹅"之说。螺蛳食法颇多，可与葱、姜、酱油、料酒、白糖同炒；也可煮熟挑出螺肉，可拌、可醉、可糟、可炝，无不适宜。

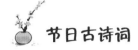 **节日古诗词**

清明（唐·杜牧）

清明时节雨纷纷①，路上行人欲断魂②。

借问③酒家何处有？牧童遥指④杏花村。

【注释】①纷纷：形容多。②断魂：形容凄迷哀伤的心情。③借问：请问。④遥指：远远地指着。

【诗句大意】清明节这天，细雨纷纷，路上远行的人好像断了魂一样，迷乱凄凉。向牧童打听哪里才有酒家，他指了指远处的杏花小村。

清明（宋·王禹偁）

无花无酒过清明，兴味萧然①似野僧。

昨日邻家乞②新火③，晓窗分与读书灯。

【注释】①萧然：冷落、清苦。②乞：讨。③新火：在清明节的前一日禁止烟火，到清明当天再起火，这时的火称为"新火"。

【诗句大意】这个清明节既没有花可以赏，也没有酒可以喝，这样冷落清苦的生活就像山野的和尚那样。昨天刚从邻居家讨来了新火，在这个清明节的早上，就借着窗边的光读读书吧。

思维导图说清明

一、确定并绘制思维导图的中心图部分

    清明节是一个非常重要的节日，提到清明节，还没有看文章，就已经想到了"清明时节雨纷纷"，想到了牧童，想到了黄牛，想到了青草和小雨。

    所以我们可以把想到的东西画成清明节的中心图。在中心两个大大的草绿色"清明"起到突出主题的作用。

二、绘制思维导图的第一部分

    第一部分是清明节的故事。关于刘邦祭祖的故事画在右上角。故事发生的时间是在"秦末"；事情经过是"回乡拜祭""找不到""坟"，我用

了一个大问号表示"找不到";然后刘邦寻找父母坟头的方法是扔纸片,"纸片落下""风吹不动",果然找到了父母的坟。

三、绘制思维导图的第二部分

第二部分是清明节的简介。包括别称、时间、节日特点。其中别称那里,祭祖节的那条分支与其他三条是反着的,为什么要这样画呢?我们看,踏青节、行清节、三月节,听上去就是春天一片青草,外出活动的感觉,相对来说并没有那么多悲伤

的感情。而祭祖却多了一丝哀伤和思念。所以我们通过调整线条方向变化来区分信息类别。这种人为的区分方式是一种画法技巧,但是使用场景并不是很多。如果所在的位置不合适这样画,就不要这样操作了。

四、绘制思维导图的第三部分

第三部分是清明节的起源。从上古习俗来讲,清明节源自上古时代的春祭活动,

所以第一个分支是"春祭"。然后是形成因素。另外清明节和清明节气也是有关系的，所以第三个分支是关于节气的简单介绍。

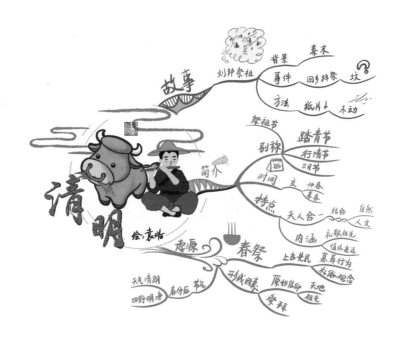

五、绘制思维导图的第四部分

第四部分是清明节的习俗。最主要的是"扫墓祭祖"和"踏青郊游"，还有一些其他的习俗，有的依旧能见到，比如放风筝，而有的已经失传，比如蹴鞠。

我用几个小插图表示扫墓祭祖的方式，从上到下依次代表修整坟墓、供奉祭品、焚烧纸钱、行礼拜祭。

我用一个小人拿着旗子走在草地上代表踏青郊游。

这部分用插图也是想更直观地表达内容，如果觉得画图有些困难，也可以用文字替代。

六、绘制思维导图的第五部分

　　第五部分是清明节的饮食。清明节有特色的饮食就是吃馓子、青团、清明螺。我们把这些美味画在分支上，可以用你想象中的插画装饰。

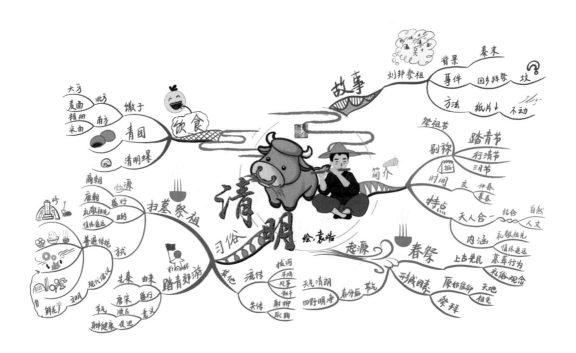

七、绘制思维导图的第六部分

第六部分，是与清明节相关的诗词。除了标注年代、作者、作品名称外，如果你觉得哪句诗词非常好，也可以补充在导图周围的空白处哦！

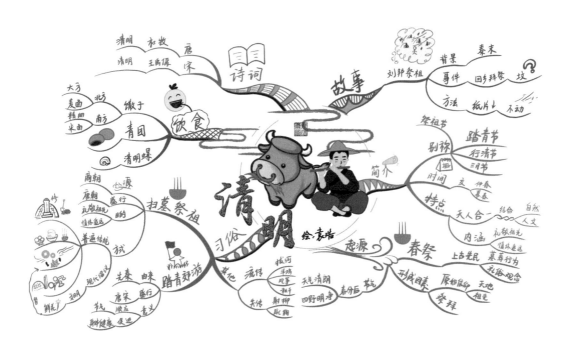

画出属于你的思维导图

　　每个人心中的清明节思维导图都不一样，小朋友们，发挥你的想象力，画出你心中关于清明节的思维导图吧！

端午节

屈原投江

屈原，生活在战国时代，年轻时就胸怀远大抱负，表现出惊人的才能，得到了楚怀王信任，官至"左徒"，是掌管内政、外交的大臣。

鉴于当时形势，屈原主张改良内政，对外主张联齐抗秦，因而侵害了上层统治阶级的利益，遭到了收受秦国贿赂的楚怀王的宠姬郑袖、上官大夫、令尹子兰等人的排挤和陷害。糊涂的楚怀王听信谗言，疏远屈原，把他放逐到偏僻的沅水、湘水流域。

屈原在长期的流放跋涉中，精神和生活上受到极大的摧残和打击。一天他正在江畔行吟，遇到一个打渔的隐者。隐者见他面色憔悴，容颜枯槁，就劝他"不要拘泥""随和一些"，和权贵们同流合污。屈原说："我宁肯跳进江水中去，葬身在鱼肚里，哪能够使自己洁白的品质蒙受世俗的灰尘呢？"

公元278年，楚国的都城被秦兵攻破，诗人精神上受到了极大的打击。眼看国家灾难却又无法施展自己的力量，他忧心如焚，在极端失望和痛苦中，诗人来到了汨罗江边，抱石自沉。他死时大约62岁，正是农历五月初五。

传说屈原死后，楚国百姓异常悲痛，纷纷涌到汨罗江边。渔夫们划起船只，在江上来回打捞他的真身。人们纷纷拿出为屈原准备的饭团、鸡蛋等食物，"扑通、扑通"

地丢进江里，说是让鱼鳖虾蟹吃饱了，就不会去咬屈大夫的身体了。一位老医师则拿来一坛雄黄酒倒进江里，说是要药晕蛟龙水兽，以免伤害屈大夫。后来怕饭团被蛟龙吃掉，人们就用楝树叶包饭，外缠彩丝，这种食品后来就发展成了粽子。

以后，在每年的五月初五，民间就有了赛龙舟、吃粽子、喝雄黄酒的风俗，以此来纪念爱国诗人屈原。

节日简介

端午节，又称端阳节、重午节、午日节、龙舟节、正阳节、浴兰节、天中节等，是中国四大传统节日之一。

端午节由上古时代祭龙演变而来，蕴含着深邃的民族传统文化内涵，在传承发展中承载了丰厚的历史文化底蕴。端午节俗以祈福纳祥、压邪驱灾等形式展开，内容丰富多彩，热闹喜庆。祈福纳祥类习俗主要有划龙舟与祭龙，压邪驱灾类习俗主要有挂艾草、浸龙舟水、洗草药水、拴五色彩线等。端午节期间的各种传统民俗活动展演，既能丰富群众精神文化生活，又能传承和弘扬传统文化。

我国的端午节是古已有之的民俗大节，比韩国的江陵端午还要早。端午习俗很多，全国各地因地域文化不同而又存在着习俗内容或细节上的差异。食粽子和赛龙舟是端午节两大习俗主题。食粽子的习俗，自古以来在中国各地盛行不衰；赛龙舟在中国南方沿海一带十分盛行，传出国门后深受各国人民喜爱并形成了国际比赛。受端午文化影响的国家分别有韩国、日本、越南、新加坡、德国、英国、美国等，端午文化不仅在中国而且在世界上都有着广泛的影响。

节日起源

关于端午节的历史起源，学术界有不同的观点：有人认为起源于纪念历史人物屈原、伍子胥或曹娥，也有人认为起源于"恶月恶日"，还有人认为起源于夏至。

从相关文字记载来看，"端午"二字，最早出现在晋代的《风土记》中，但端午的习俗却早已有之，如龙舟竞渡的习俗，就早已存在。于是，有人认为端午节起源于吴、越（百越）举行的龙图腾崇拜活动。

闻一多先生经考证认为：古代的吴、越是崇拜龙的，并认为他们是"龙子"。端午节两个最主要的活动吃粽子和竞渡，都与龙相关。粽子投入江河水里祭祀龙神，而竞渡则用的是龙舟。他们不仅有"断发文身"以"像龙子"的习俗，而且每年在端午这天，举行一次盛大的图腾祭，其中有一项活动便是在急鼓声中以刻画成龙形的独木舟，在水面上竞渡祭龙神，也给自己游戏取乐，这便是龙舟竞渡习俗的由来。

据考证，端午"龙舟竞渡"的习俗，早在屈原之前就已经存在。古代南方地区，在春秋时期之前就有在端午日以龙舟竞渡形式举行部族图腾祭祀的习俗。

考古研究的发展和发掘的大量出土文物证实，闻一多先生的考证应该是更加科学的。

节日习俗

（1）赛龙舟是端午节最重要的节日民俗活动之一，在中国南方地区普遍存在，在北方靠近河湖的城市也有赛龙舟习俗，而大部分是划旱龙舟、舞龙船的形式。

（2）悬艾叶、菖蒲。民谚说："清明插柳，端午插艾。"在端午节，家家都洒扫庭除，把艾叶、菖蒲插于门楣（méi），悬于堂中。艾叶所产生的奇特芳香，可驱蚊蝇、虫蚁，净化空气。菖蒲也含有挥发性芳香油，是提神通窍、健骨消滞、杀虫灭菌的药物。可见，古人插艾和菖蒲是有一定防病作用的。

（3）佩香囊。香囊内有朱砂、雄黄、香药，外包以丝布，清香四溢，再以五色丝线弦扣成索，做成各种不同的形状，结成一串，形形色色，玲珑可爱。端午节小孩佩香囊，传说有避邪驱瘟之意，实际是用于襟头点缀装饰。

（4）悬钟馗（kuí）像。在江淮地区，端午节家家都悬钟馗像，用来镇宅驱邪。相传唐明皇玄宗曾经通令天下，在端午时，一律张贴钟馗像，用来驱除邪魔。

节日饮食

（1）吃粽子。粽子，又叫"角黍""筒粽"。据记载，早在春秋时期，用菰（gū）叶包黍米成牛角状，称"角黍"；用竹筒装米密封烤熟，称"筒粽"。到了唐代，粽子的用米，已"白莹如玉"，其形状出现锥形、菱形。元、明时期，粽子的包裹料已从菰叶变革为箬叶，后来又出现用芦苇叶包的粽子，附加料已出现豆沙、猪肉、松子仁、枣子、胡桃等。一直到今天，其花色品种更为繁多。从馅料看，北方多包小枣，南方则有豆沙、鲜肉、火腿、蛋黄等多种馅料。

（2）饮雄黄酒。端午饮雄黄酒的习俗，从前在长江流域地区极为盛行。古语曾说："饮了雄黄酒，病魔都远走。"雄黄是一种矿物质，俗称"鸡冠石"，其主要成分是硫化砷，并含有汞，有毒。一般雄黄酒有杀菌、驱虫、解五毒的功效，中医还用来治皮肤病。未到喝酒年龄的小孩子，大人则给他们的额头、耳鼻、手足心等处涂抹上雄黄酒，意在消毒去病，防止蚊虫叮咬。

（3）吃绿豆糕。在我国的很多地方，端午节当天唱主角的除了粽子就是绿豆糕。它具有形状整齐、色泽浅黄、组织细润、口味清香、绵软不粘牙的特色。制作绿豆糕的原料有绿豆粉、豌豆粉、黄砂糖、桂花等，是很好的清热解毒、保肝益肾的消夏小吃。

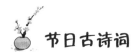 **节日古诗词**

和①端午（宋·张耒）

竞渡②深悲千载冤，忠魂一去讵③能还。

国亡身殒④今何有，只留《离骚》⑤在世间。

【注释】①和（hè）：以诗歌酬答；依照别人诗词的题材和体裁做诗词。②竞渡：赛龙舟。③讵（jù）：岂，表示反问。④殒（yǔn）：死亡。⑤《离骚》：战国时楚国人屈原的作品，是中国古代诗歌史上最长的一首浪漫主义政治抒情诗，对后世产生了深远的影响。

【诗句大意】龙舟竞赛为的是深切悲悼屈原的千古奇冤，忠烈之魂一去千载哪里还能回还啊？屈原国破身死如今还能有什么呢？唉！只留下一篇千古绝唱的《离骚》在人世间了！

午日①观竞渡（明·边贡）

共骇②群龙水上游，不知原是木兰舟③。

云旗猎猎④翻青汉⑤，雷鼓嘈嘈殷⑥碧流。

屈子冤魂终古⑦在，楚乡遗俗至今留。

江亭暇日⑧堪高会⑨，醉讽⑩《离骚》不解⑪愁。

【注释】①午日：指端午节。②骇：惊骇。③木兰舟：这里指龙舟。④猎猎：旗子飘动发出的声音。⑤青汉：云霄。⑥殷：震动。⑦终古：从古至今。⑧暇日：空闲。⑨高会：指大规模地聚会。⑩讽：背诵，诵读。⑪解：了解，明白。

【诗句大意】在端午节这天，围在岸上的人们，惊恐地观看着群龙在水上嬉戏，不知道原来这是装饰成龙形的木船。船上彩旗猎猎作响，在空中翻飞，大鼓齐鸣如雷声一样，震动着清清的水流。从古到今屈原的冤魂不散，楚国的风俗至今仍存。闲暇的日子正适合在江亭喝酒聚会，诵读《离骚》，哪觉得其中的忧愁啊。

思维导图说端午

一、确定并绘制思维导图的中心图部分

    绘制端午节的思维导图，再给小朋友们展示另一种画法——先文后图法。之前我们画过文字版导图。而先文后图法是在纯文字导图结束之后，最后统一添加插图的办法。它的优点在于，在方便绘制但不太利于记忆的全文字版导图上，当有记忆需求的时候，加上插图，能辅助记忆。

    首先在纸张中心绘制中心图。端午节，我们会很容易想到吃粽子、划龙舟，可以用粽子和划龙舟作为中心图案。

二、绘制思维导图的第一部分

    接下来是第一个部分屈原投江的故事。我们用三个小插图来表达三个分支：时间、人物和事件。

三、绘制思维导图的第二部分

第二部分是端午节的简介。包括别称、特点、源头，它还是四大传统节日之一，这条分支用了反向画法。

四、绘制思维导图的第三部分

第三部分是端午节的起源。其中有存有争议的部分，它们之间用了并列的关系。

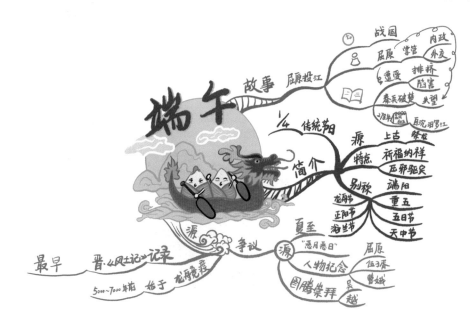

五、绘制思维导图的第四部分

第四部分是端午节的习俗，我用了三个动词作为第一分支的关键词，然后再往下分。当然大家也可以用其他的，比如直接用赛龙舟、悬艾叶菖蒲、佩香囊、悬钟馗像做第一分支的关键词，再展开也是可以的。

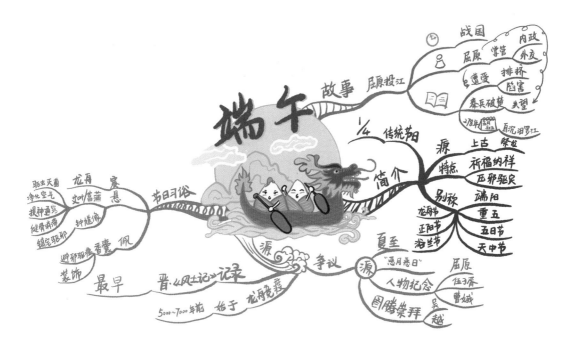

六、绘制思维导图的第五部分

第五部分是端午节的饮食。

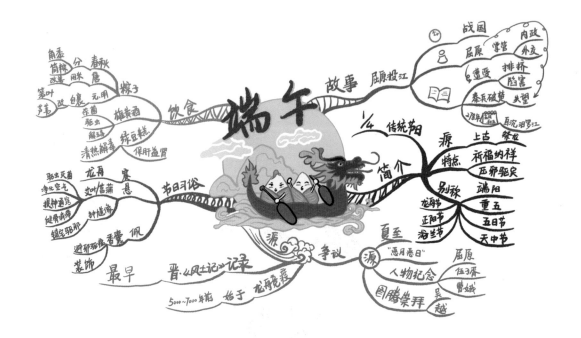

七、绘制思维导图的第六部分

第六部分是端午节相关的古诗词，可以按照年代、作者、作品名称的顺序来画，也可以按照作品名称、年代、作者的顺序来画。小朋友们可以根据自己的记忆特点来选择方式。

到这里之后，这张思维导图的所有内容都画完了，我们还可以通过加入几个比较重要的插图，来丰富我们的导图。

首先，屈原投江是一个比较重点的地方，我们可以画上一个小插图。

第二个是关于端午节的日期。我的家乡叫五月节或者五日节，而且端午节的日期是五月初五所以也叫重五。在简介的部分，没有像往常一样写出"五月初五"这几个字，而是用了一个简单且很大的红色的阿拉伯数字"5"，画在"重五"旁边，表示是两个五，也就是五月初五。

第三个是节日饮食那里，加了一个可爱的粽子的插画，因为这是端午节的必备食品。

这样看起来，这张思维导图就更加完美啦。

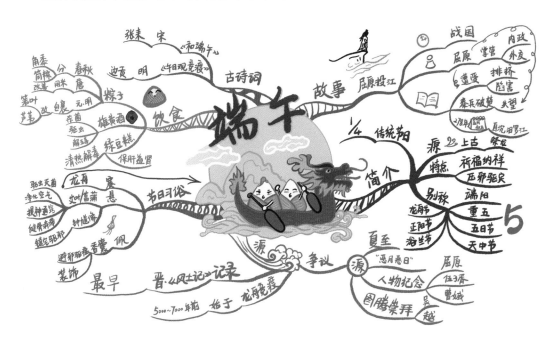

画出属于你的思维导图

每个人心中的端午节思维导图都不一样，小朋友们，发挥你的想象力，画出你心中关于端午节的思维导图吧！

夏至节

夏枯草的传说

传说从前有个秀才叫张明，他母亲得了瘰疬（luǒ lì）病，脖子肿得又红又粗，每天流着脓水。人们都说这病很难治，张秀才听了心急如焚却一点办法都没有。

一天，乡里来了个郎中，看过张秀才的母亲后说："南山上有一种草药，能治愈你母亲的病。"郎中说完就上山采药去了，不大时间就带回来一种紫色花穗儿的野草，让张秀才母亲煎汤内服。果然，喝了十多天后，母亲的病就慢慢地好了。

张秀才十分感激，挽留郎中在其家里，盛情款待。郎中白天上山采药、卖药，晚上就在他家里和张秀才聊天。这一来，张秀才对医道也产生了浓厚的兴趣。郎中临走前，还领张秀才上山，指着一种长满圆形叶子、开着紫色花儿的野草说："这就是治好你母亲瘰疬病的草药，千万记住，夏天一过，药草枯死，便采不到。如果使用，一定要在夏至前后及时采集。"秀才漫不经心地说："记住了。"

后来有一天，县官的母亲也得了瘰疬病。县官为母亲治病心切，四处张榜求医。秀才看后自认为胸有成竹而前去揭榜，随后便上山采药，可他寻遍了当地的山坡野地，却连一棵药草也没有找到。于是，县官认定张秀才是个江湖骗子，便当众打他五十大板，直打得他满身红肿。

第二年的春末夏初，郎中又行医到这里，张秀才对他埋怨说："你害得我挨了县官五十大板，痛得我好苦啊！"郎中了解缘由之后，摇头叹道："去年临走时，我曾告诉你，夏至一过，这药草就会渐渐枯死，就采不到了。"说完，就领着秀才上山，又见到了满山遍野盛开着紫色花儿的药草。秀才这才恍然大悟，为了吸取教训，他就把这草药命名为"夏枯草"，以此来提醒自己，这种草药只在春末夏初才能采得到。

这个故事，还告诉我们一个不被人注意的自然界的现实：植物生长的成熟期，并不都是在秋季；夏至时节，是一个重要的时间节点，有些植物此时已经生长成熟。

节日简介

"夏至"与"清明""冬至"一样，既是中国历史上的24节气之一，又是民间的传统节日。每年6月21日或22日，太阳到达黄经90°，夏至节气开始。《恪遵宪度抄本》中说："阳极之至，阴气始生，日北至，日长之至，日影短至。至者，极也。"夏至日这天太阳高度最高，阳光几乎直射北回归线，北半球昼最长、夜最短，且越往北越长。此后，阳气由盛逐渐转衰，阳光直射地面位置逐渐南移，北半球的白昼日渐缩短。

夏至又是民间的传统节日。作为传统节日，它流行于全国大部地区。夏至节日的主要活动是，麦收完了，祭神祀祖。夏至节日的主要饮食是吃凉面类。清代潘荣陛的《帝京岁时纪胜》中记载："是日，家家俱食冷淘面，即俗说过水面是也。"谚语也说："冬至馄饨夏至面""吃过夏至面，一天短一线"。

节日起源

据说夏至是二十四节气中最早被确定的一个节气，公元前7世纪，先人采用土圭（guī）测日影，就确定了夏至。

土圭是一种最古老的计时仪器，它构造简单，用直立地上的杆子来观察太阳光投射的杆影，通过杆影移动规律、影的长短，来确定冬至日和夏至日。《尚书·尧典》中记述土圭始于尧帝时期，史学界认为《尧典》不是尧时写的，是周代史官根据传闻编写、后经春秋战国时儒家陆续补订而成。因此我们可以认为，至迟在公元前7世纪，掌管天地四时的官吏已使用土圭分出二分二至（春分、秋分、夏至、冬至），确定一年为366天。

节日习俗

（1）祭神祀祖。夏至时节，正值麦类作物收割完了，自古以来就有在此时庆祝丰收、祭祀祖先的习俗。因此，夏至作为节日，纳入了古代祭神礼典。成书于两汉之间的《周礼·春官》记载："以夏日至，致地方物魈（xiāo）。"夏至日正是麦收之后，农人既感谢天赐丰收，又祈求获得"秋报"。夏至前后，有的地方举办隆重的"过夏麦"，系古代"夏祭"活动的遗存。

（2）消夏避伏。在朝廷，夏至之后，皇家则拿出"冬藏夏用"的冰来"消夏避伏"，而且从周代开始，历朝沿用，进而成为制度。夏至日，古代有妇女们互相赠送折扇、脂粉等什物的习俗。《酉阳杂俎·礼异》："夏至日，进扇及粉脂囊，皆有辞。""扇"，用来生风；"粉脂"，用来涂抹，有利于散体热所生浊气，防生痱子。

（3）夏至称重。清代顾禄的著作《清嘉录》里边记载，夏至日称人以验肥瘦，为此"慎起居，禁诅咒，戒剃头，多所忌讳"。据说在夏至这一天称了体重后，遇到高温酷暑人们也都不会得病。称重时，男女老少一个挨一个排队过秤，还有人报重，场面十分热闹，就像过节一样。现在夏至称重的习俗很少见了，不过古时候缺医少药，一旦生病就难以很快痊愈，人们对夏至称重情有独钟，这也寄托了人们希望自己健康长寿的美好愿望。

节日饮食

（1）吃麦粽。大家都知道粽子是我国端午节时的传统食品，其实不仅如此，夏至时节我国民间还吃一种粽子，叫麦粽，只是夏至麦粽与端午粽子的食材有所不同罢了。据《吴江县志》记载："夏至日，作麦粽，祭先毕，则以相饷。"意思是：到了夏至这一天，家家都要做麦粽，用来祭祀祖先，然后把麦粽作为礼物，馈赠给亲戚朋友。

（2）吃夏至饼。夏至日，我国南方农家还擀面为薄饼，烤熟，夹以青菜、豆荚、豆腐及腊肉等，祭祖后食用，或分赠给亲友，俗称夏至饼。这种半月形的饼，外形和北方的面食"韭菜饸子"相像，但材料和做法不同。夏至饼，吃起来清新爽口，甜而不腻，是老少皆宜的正宗绿色食品。现在，即便不是夏至，也有人会去做这种饼，解解馋，消消夏，体会一下乡间传统的味道。

（3）吃馄饨。有些地方要在夏至这天中午吃馄饨，取混沌和合之意。有谚语："夏至馄饨冬至团，四季安康人团圆。"吃过馄饨，为小孩称体重，希望孩童体重增加更健康。

此外，像北京的炸酱面、绍兴的蒲丝饼、无锡的麦粥、山东的凉面、岭南一带的狗肉和荔枝，也都是很有地方特色的夏至节日的食品。

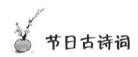 **节日古诗词**

夏至日作（唐·权德舆）

璇枢[①]无停运，四序[②]相错行[③]。

寄言赫曦景[④]，今日一阴生[⑤]。

【注释】①璇枢（xuán shū）：浑天仪的前身，一种用来观测天体运行的仪器。②四序：指四季，春夏秋冬。③错行：交替运行。④赫：显著，热烈；曦（xī）：阳光；景：景象。指炎炎夏日。⑤一阴生：夏至之后，夜晚逐渐变长，阴气萌动，秋天渐渐来临。

【诗句大意】观测天体的仪器运转不停，大地上春夏秋冬四季更迭。我想告诉炎炎的夏日，今日（夏至）之后天气会逐渐转凉，秋天将要来临了。

夏至避暑北池（唐·韦应物）节选

昼晷①已云极，宵漏②自此长。未及施政教③，所忧变炎凉。

公门日多暇④，是月农稍忙。高居念田里，苦热安可当。

【注释】①晷（guǐ）：古代用来观测日影以定时刻的仪器。②漏：一种古代用来计时的装置。③政教：计划。④暇：空闲。

【诗句大意】夏至当天，日晷测出的白天的时间已经到了最长的时候，从此，夜晚将逐渐变长。还没来得及实施自己的计划，就要开始担心天气的冷暖变化了。这段时间衙门闲暇的时候居多，而这个月正是农活忙的时候。坐在家里想象田里的情形，也不知道老百姓怎么抵挡这酷热的天气。

思维导图说夏至

一、确定并绘制思维导图的中心图部分

说到夏天，你会想到什么呢？夏天给人的感觉是一片绿色，生机盎然的样子。所以主色调我们可以选择绿色。到了夏天肯定少不了吃西瓜，那就把西瓜也放在夏至的中心图上吧。

我在中心图中又画入一个夏枯草，因为稍后要记录的信息与夏枯草有关系。

二、绘制思维导图的第一部分

第一部分是节日故事，讲的是夏枯草的传说，直接从中心图的夏枯草上引出来这个主干，所以不需要单独画一个插图。在下一个分支包括小人儿、书、叹号的图标，分别表示人物、事件、结论。

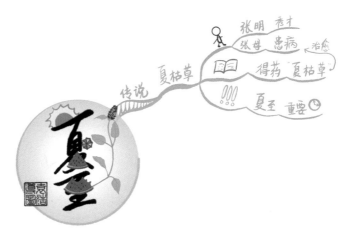

三、绘制思维导图的第二部分

第二部分是节日简介。大家能看到一个比较醒目的插图，就是那个蓝色的地球。用颜色和线条标注出了地轴、赤道、南北回归线。其中太阳直射的是北回归线。

四、绘制思维导图的第三部分

第三部分比较简单，是夏至的起源。夏至是节日，也是一个节气。它也是最早被确定的节气之一。所以后边用一个黄色的小箭头连接关键词"被确定"和"土圭测日影"，表示二者的关联，是先人采用土圭测日影的方式确定了夏至。

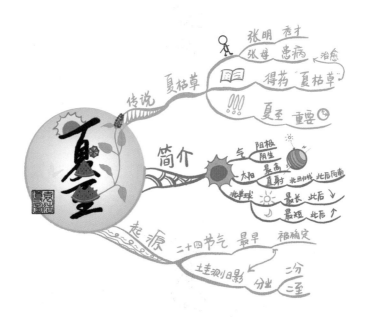

五、绘制思维导图的第四部分

第四部分是节日的习俗，祭神祀祖、消夏避伏、称重。

六、绘制思维导图的第五部分

　　第五部分是夏至的饮食。吃麦粽、夏至饼、馄饨等美食，除了文章中有所提及的，也可以把自己想到的夏天的美食或者水果画上去，比如荔枝。我这里画了一对小荔枝，你也可以画你喜欢的其他的食物，只要与夏至相关即可。小朋友们可以自己尝试画一画哦。

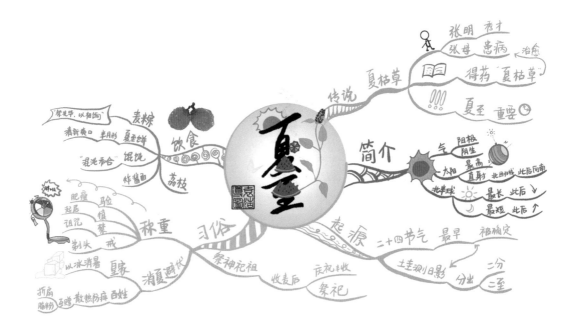

七、绘制思维导图的第六部分

　　最后是夏至的诗词。

　　把这部分画好之后，我们发现左上角有点空。那我们可以把喜欢的诗抄在这里，或者画个小插画。

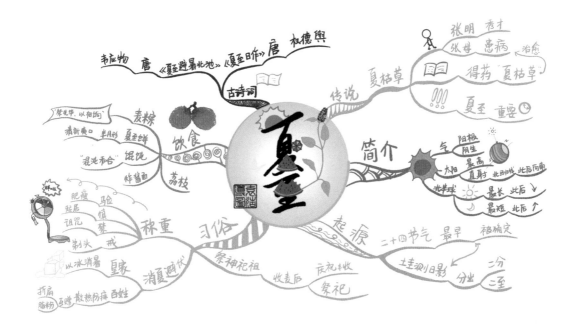

画出属于你的思维导图

每个人心中的夏至思维导图都不一样，小朋友们，发挥你的想象力，画出你心中关于夏至的思维导图吧！

七夕节

牛郎织女

七夕节始终和牛郎织女的传说相关联，这是一个千古流传的很美丽的爱情故事，成为我国四大民间爱情故事之一。

相传在很久以前，有个勤劳、忠厚的小伙子，叫牛郎。他父母早亡，只好跟着哥哥嫂子度日。嫂子为人狠毒，经常虐待他。有一天，嫂子双手叉腰对牛郎说："你也不小了，咱们分家单过吧。那头牛和那辆牛车归你，你走吧。"

牛郎赶着牛车，翻山越岭，走了很远的路，在一处深山里停下来。然后，他在这里盖了草房，开出几亩地，就算安了家。

一天，天上的织女和诸仙女一起下凡游戏，在河里洗澡。牛郎在老牛的帮助下认识了织女，二人互生爱意，织女就做了牛郎的妻子。

牛郎和织女，男耕女织，情深义重，他们生了一男一女两个孩子，一家人生活得很幸福。但是好景不长，这事很快便让天帝知道了，王母娘娘亲自下凡来，强行把织女带回天上，恩爱夫妻被拆散了。

牛郎呼天喊地，终究还是无可奈何。他忽然想起老牛在它活着时曾经告诉牛郎，如果有急事，披上它的皮就可以上天了。牛郎按照老牛的话做了，拉着自己的儿女，一起腾云驾雾上天去追织女。眼看就要追上了，哪知王母娘娘拔下头上的金簪一挥，就出现了一道波涛汹涌的天河，牛郎和织女被隔在两岸，只能相对哭泣流泪。

他们的忠贞爱情感动了喜鹊，千万只喜鹊飞来，搭成鹊桥，让牛郎织女走上鹊桥相会。王母娘娘对此也无奈，只好允许两人每年七月七日在鹊桥相会一次。

节日简介

七夕节，又称七巧节、七姐节、七娘会、乞巧节、女儿节、巧夕、双七、牛公牛婆日等，因拜祭活动在农历七月初七晚上举行，故名"七夕"。

随着时间的推移，七夕被赋予了"牛郎织女"的美丽爱情传说，被赋予了与爱情有关的内涵，成为象征爱情的节日，从而被认为是中国最具浪漫色彩的传统节日，在当代更是产生了"中国情人节"的文化含义，也是世界上最早的爱情节日。

在七夕节的众多民俗当中，有些逐渐消失，但还有相当一部分被人们延续了下来。在部分受中华文化影响的亚洲国家（如朝鲜、韩国、日本、越南等）也有庆祝七夕的传统。2006年5月20日，七夕节被中华人民共和国国务院列入第一批国家级非物质文化遗产名录。

节日起源

（1）自然天象崇拜说。中国古代的星象文化源远流长、博大精深，古人从很早开始就探索宇宙的奥秘，并由此演绎出了一套完整深刻的观星文化，"牛郎织女"就是典型例子。七夕的牛郎织女传说最早来源于人们对自然天象的崇拜。早在远古时代，追求秩序的古人们不仅将天空规划得井井有条，还将星宿（xiù）与地面区域一一做了对应，这个对应关系就天文来说，称作"分星"；就地面来说，称作"分野"。简单来说，古人把天上的星体分成了28个星宿，然后把每个星宿都与地上的实体地理区域一一对应。古人将"牛宿星"与"织女星"合称为"牛郎织女"。人们对牛郎织女自然天象的崇拜由来已久，可追溯到远古时代。

（2）时间数字崇拜说。"七夕"月逢七、日逢七。"七月初七"与古人对数字和时间的崇拜有关。古代民间把正月正、二月二、三月三、五月五、六月六、七月七、九月九这"七重"列为吉庆日。"重日"在中国古代被认为是"天地交感""天人相通"的日子。在这些"重日"中，不难看出古人对数字的崇拜，如"一"是万物起始之意，是成就、地位和尊荣的象征，而"九"与"五"是重要的数字，"九五"至尊是地位的象征。"七"在民间表现为时间的阶段性，在计算时间时往往以"七七"为终结。

节日习俗

（1）拜七姐。七月七的七娘会，广东多称"拜七姐"。中华人民共和国成立前，"七夕"是妇女的盛大节日，过乞巧节是非常热闹的。姑娘们梳妆打扮之后，摆好各种时鲜的贡品，焚香祷告，向七姐"乞巧"，乞求她传授心灵手巧的技艺，也可以表达其他美好的愿望。

（2）求姻缘。在晴朗的夜晚，天上繁星闪耀，一道银河横贯南北。银河的东西两岸，各有一颗闪亮的星星，遥遥相对，隔河相望，那就是牵牛星和织女星。人间无数的青年男女会在七夕夜晚牛郎织女"鹊桥会"时，对着星空祈祷自己的美满姻缘。

（3）听悄悄话。在一些农村，在七夕的夜深人静之时，会有许多少女偷偷躲在长得茂盛的瓜秧架下，相传如果谁能听到牛郎织女相会时的悄悄话，待嫁的少女日后就能得到千年不渝的最美的爱情。

此外，古代的七夕节，还有斗巧、迎仙、香桥会、拜牛郎、拜魁星、接露水、储七夕水、种生求子、为牛庆生等丰富多彩的民俗活动。

节日饮食

（1）吃巧果：七夕乞巧的应节食品，以巧果最为有名。巧果又叫"乞巧果子"，款式极多，主要的材料是油、面、糖、蜜。七夕晚上，人们把乞巧果子端到庭院，全家人围坐，品尝做巧果人的手艺。现在这种习俗在许多地方都已经不流传了，乞巧果子这种传统食品，也演变成了多种花色糕点。

（2）吃巧巧饭：在我国山东等地，这一天要吃巧巧饭。吃巧巧饭的风俗十分有趣：七个要好的姑娘集粮集菜包饺子，把一根针、一个红枣和一枚铜钱分别包到三个水饺里，乞巧活动开始后，她们聚在一起吃水饺，传说吃到针的手巧，吃到枣的早婚，吃到钱的有福。

（3）吃瓜果：在福建一带，七夕节时要让织女欣赏、品尝瓜果，以求她保佑来年瓜果丰收。乞巧时用的瓜果也有多种变化：或将瓜果雕成奇花异鸟，或在瓜皮表面浮雕图案，此种瓜果称为"花瓜"。另外，供品还有桂圆、红枣、榛子、花生、瓜子，合称"五子"。一般是斋戒沐浴后，大家轮流在供桌前焚香祭拜，默祷心愿。

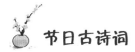 **节日古诗词**

秋夕① （唐·杜牧）

银烛②秋光冷画屏③，轻罗小扇④扑流萤⑤。

天阶⑥夜色凉如水，坐看⑦牵牛织女星⑧。

【注释】①秋夕：秋天的夜晚。②银烛：银色而精美的蜡烛。③画屏：画有图案的屏风。④轻罗小扇：轻巧的丝质团扇。⑤流萤：飞动的萤火虫。⑥天阶：露天的石阶。⑦坐看：坐着朝天看。⑧牵牛织女星：两个星座的名字，指牵牛星、织女星，也指古代神话中的人物牛郎和织女。

【诗句大意】银色蜡烛的光映着冷清的画屏，手拿绫罗小扇扑打着萤火虫。夜色里的石阶清凉如水，静坐这里凝视着天河两旁的牛郎织女星。

鹊桥仙①（宋·秦观）

纤云弄巧②，飞星传恨③，银汉迢迢暗度④。金风⑤玉露⑥一相逢，便胜却人间无数。

柔情似水，佳期如梦，忍顾⑦鹊桥归路。两情若是久长时，又岂在朝朝暮暮⑧！

【注释】①鹊桥仙：词牌名，此调多咏七夕。②纤云弄巧：纤细的云彩变幻出许多美丽的花样来。这句写织女劳动的情形。传说织女精于纺织，能将天上的云织成锦缎。③飞星传恨：飞星，流星。指穿梭太空的流星此时也在牛郎和织女中间不断奔波，传递着缠绵情思，做起了信使的角色。④度：通"渡"。⑤金风：秋风。秋，在五行中属金。⑥玉露：晶莹如玉的露珠，指秋露。⑦忍顾：不忍心回头看。顾，回头看。⑧朝朝暮暮：日日夜夜。这里指日夜相聚。

【诗句大意】纤薄的云彩在天空中变幻多端，流星传递着牛郎织女的愁恨，隔着宽广的银河，鹊桥上牛郎织女相逢了。在秋风习习、夜露清清的时节，牛郎织女即使见上一面，也胜过人间多少凡俗之情。脉脉柔情似流水，美好时光如梦幻，实在是不忍看那返回人间的归路。只要是真情久长两心相印，又何必朝夕都在一起度过呢？

思维导图说七夕

一、确定并绘制思维导图的中心图部分

七夕是一个非常有故事的节日，很多小朋友都应该听过牛郎织女的故事，那中心图就画牛郎织女鹊桥相会吧。中间的人物是牛郎织女在鹊桥上相会，背景是月亮。虽然七月初七月亮并不是圆的，但为了好看，并且象征圆满，就这样处理了。

二、绘制思维导图的第一部分

第一部分是节日故事。中心图我们画的是牛郎织女，正是这部分要讲的故事，就不用再画个牛郎织女作为插图了。思维导图是化繁为简的工具，不要做重复性的绘制工作。"每年一次的相会"就是中心图的画面了，所以用一条关联线关联起来。

三、绘制思维导图的第二部分

第二部分是节日简介，包括别称、日期以及这个节日的"世界之最"。用一个大大的阿拉伯数字"7"突出七月初七。

四、绘制思维导图的第三部分

第三部分是节日的起源。正好可以把顺着中心图延伸出来的云彩作为主干。在思维导图中每一个主干可以是单独绘制的，也可以是跟中心图紧密关联的部分。但是如果想这样与中心图紧密关联，必须在绘制整张导图之前，在脑海中预想一下，自己的导图一共要画几部分，每部分大约占用多大空间，好提前确定大纲主干的位置，融合在中心图中。

另外，颜色可以突出重点。这部分左下角红色的"七"谐音"吉"，用红色起到凸显的

作用。

五、绘制思维导图的第四部分

　　第四部分是节日的习俗。"瓜秧架下"这里让橙色的线条作为"瓜秧架"，与绿色的瓜秧融为一体，十分有趣。在这里，让我们听听悄悄话吧！

六、绘制思维导图的第五部分

第五部分是节日的饮食。七夕的饮食习俗与其他节日相比逊色了些，不管吃什么，重点在于表达人们追求心灵手巧、阖家安康、生活美满的美好愿望。

七、绘制思维导图的第六部分

最后是节日古诗词的部分，画了一个小喜鹊填补空白区域。整张思维导图到这里就绘制完成了。

画出属于你的思维导图

每个人心中的七夕节思维导图都不一样，小朋友们，发挥你的想象力，画出你心中关于七夕节的思维导图吧！

中元节

目连救母

传说从前有个聪明又善良的小伙子叫目连。他母亲是青提夫人，家境非常富裕，然而她为人非常贪婪而又残暴，天天宰杀牲畜，大肆烹煮吞嚼，从来没有修善之心。不久，青提夫人暴病身亡，被打入阴曹地府，入了饿鬼道，受尽了苦刑。

目连救母心切，决心出家修行，并且真的得了神通。

一天，他来到了一座城隍庙，就住了下来。睡到夜里，他的灵魂悠悠荡荡地到了阴间。只听见阴山上有很多鬼在嚎叫哭喊。他想在鬼群中见到他母亲，但是怎么找也没看见。他一觉醒来，就把去阴间的事告诉了庙里的老僧人。老僧人说："你再去的时候，带一篮子饭去。鬼见到饭，就会来到你跟前，你就可以看哪个鬼是你母亲了。"

目连照老僧人说的，带了一篮子白米饭来到阴间。刚到阴山，一群饿鬼一齐拥上来，把一篮子饭全抢光了。一连送了几回，米饭送了不少，但始终没有见到母亲。

他又向老僧人诉苦，老僧人一想，说："你这回去，带两篮子乌饭去，鬼见乌饭是不吃的。"目连就找来了乌桕叶捣出黑汁，和饭一齐煮烧，白米饭一下变成乌黑乌黑的。目连又把乌饭带到阴间去，果然不假，饿鬼见是乌饭就不抢了。在阴山下，目连总算找到了自己的母亲。

目连见到母亲，母子俩抱头痛哭，但是阴阳两界，总不能长久在一起，目连只好隔三差五就去看一趟母亲。后来，他看到母亲在阴间里经常遭受拷打，就一心想救她回到阳间，但因为他母亲生前罪孽深重，终不能走出饿鬼道。

目连无计可施，十分悲痛，又祈求于佛。佛陀让目连在七月十五日举行"盂兰盆会"。目连依照佛的嘱咐去做了，在七月十五设盂兰盆会供养十方僧众以超度亡人。目连母亲于是得以吃饱，并转回人世，生变为狗。目连又诵了七天七夜的经，使他母亲脱离狗身。

这个故事能从西晋流传到现在，而且是口口相传，表明了人应向善、子应行孝的道理。

节日简介

中元节，即七月半祭祖节，又称鬼节、施孤、斋孤、地官节。中元节由上古时代"七月半"农作物丰收秋尝祭祖演变而来。七月半是民间初秋庆贺丰收、酬谢大地的节日，有若干农作物成熟，民间按例要祀祖，用新米等祭供，向祖先报告秋成，是追怀先人的一种文化传统节日，其文化核心是敬祖尽孝。

七月十四至十五日祭祖是流行于汉字文化圈诸国以及海外华人地区的传统文化节日，与除夕、清明节、重阳节均是中华民族传统的祭祖大节。2010年5月，文化部将香港特区申报的"中元节"入选，列入国家级非物质文化遗产名录。

从有关七月十四至十五的传说中，可深切体认到七月十四至十五的祭祀具有双重的意义，一是传扬怀念祖先的孝道，一是发扬推己及人、乐善好施的义举。所以，在中元节到来的时候，应该跳出鬼神的角度，期勉互爱互助的民族精神。

节日起源

（1）中元节起源于上古时代的"七月半"农作物丰收秋尝祭祖活动。古时人们对于农事的丰收，常寄托于神灵的庇佑。

（2）从历史文献记载来看，秋尝祭祖的活动，先秦时代已有之。秋天是收获的季节，人们举行向祖先亡灵献祭的仪式，把新米做成时令佳品，先供奉给祖先，让神灵先享用，然后自己再品尝这些劳动的果实，并祈祝来年的好收成。

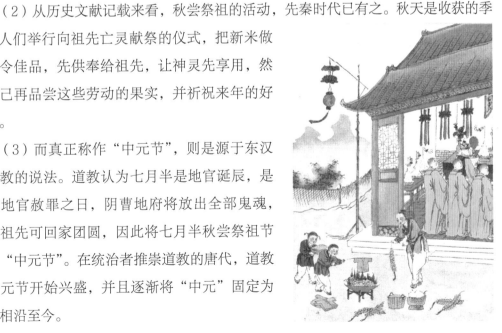

（3）而真正称作"中元节"，则是源于东汉后道教的说法。道教认为七月半是地官诞辰，是祈求地官赦罪之日，阴曹地府将放出全部鬼魂，已故祖先可回家团圆，因此将七月半秋尝祭祖节称为"中元节"。在统治者推崇道教的唐代，道教的中元节开始兴盛，并且逐渐将"中元"固定为节名相沿至今。

节日习俗

（1）祭拜祖先。中元节在阴历七月十五日，此时，天气已经转凉。民间相信祖先也会在此时返家探望子孙，故需祭祖。民间通过一定仪式，先接祖先亡魂回家，在早晨、中午、晚上，向先人供三次茶饭，最后还要烧纸钱送回祖先亡魂。也有的地方是到坟地去祭拜，摆上贡品，化过纸钱，然后跪拜祷告。

（2）放河灯。河灯也叫"荷花灯"，一般是在荷花形底座上放灯盏或蜡烛，中元夜放在江河湖海之中，任其漂泛。放河灯的目的，是普度水中的落水鬼和其他孤魂野鬼。放河灯，尤数黄河里放灯最壮观。

（3）烧街衣。这是香港自开埠以来一直保存至今的民间风俗。一踏入农历七月，人们会在入夜后，带上香烛、金银纸衣和一些祭品（如豆腐、白饭）在路边拜祭一番。人们烧街衣的目的是让那些无依的孤魂有衣物御寒，有食物充饥。

（4）祈丰收。中元节施祭孤魂与祈望丰收又常联系在一起。施孤之夜，家家户户要在自己家门口焚香祷祝稻谷丰收，并把香枝插在地上，这叫作"布田"（插秧），插得越多越好，以此表达着祈盼秋天粮食大丰收的美好心愿。

节日饮食

（1）吃鸭。全国很多地方会选择在中元节吃鸭子，因鸭在水中游，传说去世的祖先会在中元节这一天回家探亲，要过奈河桥，但没有船过不了。于是活着的人要送些鸭子下去，好让鸭子游泳载他们回来，久而久之也就成了传统，一到中元节就吃鸭子。

（2）做茄饼：民间认为，茄饼可以成为已故祖先前往盂兰盆会的干粮。每到中元节这天，老南京人家家户户做茄饼，也就是把新鲜茄子切成丝，和上面粉，用油煎炸。如今的茄饼已是一道再寻常不过的家常菜。

（3）做稻谷糕点：到了中元节，基本上都已经收完新的稻谷，将新稻谷打成米粉，然后用来做糕点，意思是让祖先也要尝一下新米，以此来表达对先人的崇敬与怀念之情。

除此之外，我国各地还有吃濑（lài）粉、吃花馍、吃饺饼、吃扁食、吃蒸面羊等的习俗。

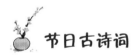 节日古诗词

中元见月（明·边贡）

坐爱①清光②好，更③深不下楼。

不因逢④闰月⑤，今夜是中秋。

【注释】①坐爱：因为喜欢。坐，因为，在杜牧《山行》中有"停车坐爱枫林晚，霜叶红于二月花"之句。②清光：清朗的月光。③更：旧时夜间计时的单位，一夜分为五更，每更约

两小时。④逢：遇上。⑤闰月：农历三年一闰，五年两闰，十九年七闰，每逢闰年所加的一个月叫闰月。闰月加在某月之后就称闰某月。

【诗句大意】因为爱着那晴朗而美好的月光，夜深了我还站在楼顶上迟迟不肯下楼。如果不是遇上闰月而多加了一个月，今夜就是中秋了。

长安杂兴效竹枝体（清·庞垲）

万树凉生霜气清①，中元月上九衢②明。

小儿③竞④把⑤青荷叶⑥，万点银花散火城。

【注释】①清：清冷，清凉。②九衢（qú）：纵横交错的大道；繁华的街市。③小儿：小孩儿。④竞：争着。⑤把：拿着，举着。⑥青荷叶：指荷叶灯，就是把各色彩纸制成莲花、莲叶形状，然后在中间放上灯盏或蜡烛。中元之夜放在江河湖海之中，任其漂流。放河灯的目的，是普度水中的落水鬼或其他孤魂野鬼。后来，也有在大街上手举荷灯游走的习俗。

【诗句大意】秋夜里树上结的清霜带给人丝丝冷意，七月十五的一轮满月升起来，照得大街小巷都分外明亮。孩子们都争先恐后地举起荷叶灯，整个城市到处灯火通明。

思维导图说中元

一、确定并绘制思维导图的中心图部分

　　首先我们绘制中心图部分。中元节通常的活动都是在晚上，比较容易联想到的是夜空、河灯、河水、月亮、孔明灯等场景。那就用我们的笔和想象力尽量把脑海中的画面画出来吧。

二、绘制思维导图的第一部分

　　第一部分节日故事绘制的顺序是按照故事的一般结构画的。先是介绍人物，然后说事件的经过，最后总结故事的道理。

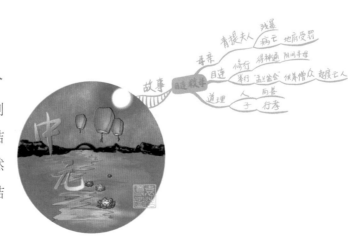

三、绘制思维导图的第二部分

第二部分是节日简介。主要是时间、别称、文化核心、节日意义。这里直接用插图来表示"日期"。右侧的小"鬼魂"代表的是"鬼节"这个别称。起到解释说明、补充说明以及装饰作用的插图，每个人可以根据自己的理解来绘制。

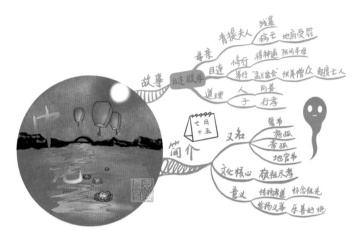

四、绘制思维导图的第三部分

第三部分，绘制的是节日的起源。从上古到先秦，再到东汉定名，中元节历史也是非常久远的。

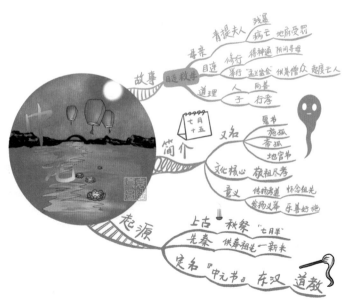

五、绘制思维导图的第四部分

第四部分是中元节的习俗。最具代表性的是祭祀祖先、放河灯、烧街衣、祈祷丰收。

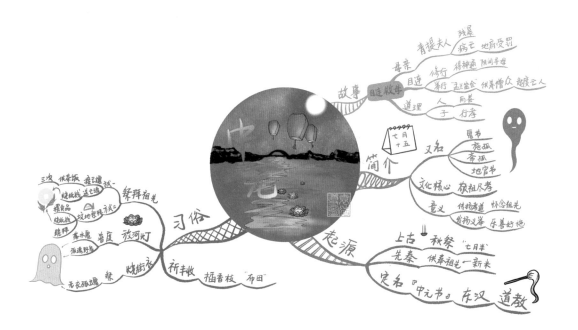

六、绘制思维导图的第五部分

第五部分是中元节的饮食特点，吃鸭、吃花馍、吃饺饼、吃扁食、吃蒸面羊等。

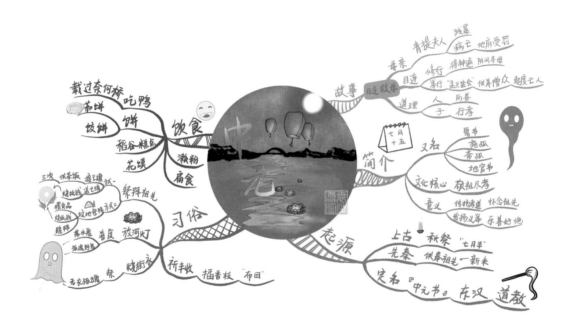

七、绘制思维导图的第六部分

最后是中元节的相关诗词。

到这里就画完了这张思维导图。相比于春节、中秋，这个节日不需要那么多喜庆的装饰。所以这张思维导图的风格是简约而整洁的。

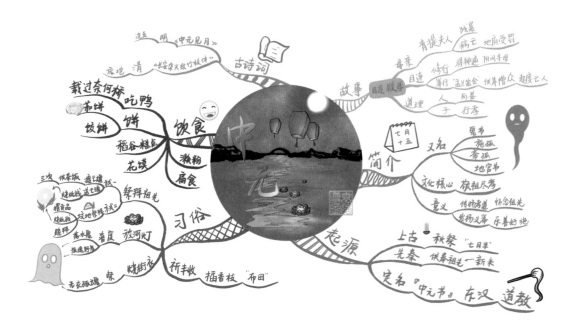

画出属于你的思维导图

每个人心中的中元节思维导图都不一样，小朋友们，发挥你的想象力，画出你心中关于中元节的思维导图吧！

中秋节

嫦娥奔月

相传很久很久以前，天上有十个太阳，晒得大地干裂、庄稼枯死。一个名叫后羿（yì）的英雄，力大无穷，他同情受苦的百姓，拉开神弓，一口气射下九个太阳，并严令最后一个太阳按时起落，为民造福。

后羿有个非常美丽贤惠的妻子，名叫嫦娥。后羿除传艺狩猎外，终日和妻子在一起。不少志士慕名前来投师学艺，其中有个心术不正、名叫蓬蒙的人也混了进来。

有一天，后羿到昆仑山访友求道，向王母求得一包长生不老药。据说，服下此药，能即刻升天成仙。然而，后羿舍不得撇下妻子，就把长生不老药交给嫦娥收藏。

三天之后，后羿率众徒外出狩猎，心怀鬼胎的蓬蒙假装生病，没有外出。待后羿率众人走后，蓬蒙持剑闯入内宅后院，威逼嫦娥交出不老药。嫦娥知道自己不是蓬蒙的对手，危急之时她转身打开百宝匣，拿出长生不老药一口吞了下去。嫦娥吞下药，身子立时飘离地面，向天上飞去。由于嫦娥牵挂着丈夫，便飞落到离人间最近的月亮上成了仙。

傍晚，后羿回到家，侍女们哭诉了白天发生的事。后羿既惊又怒，抽剑去寻恶徒，蓬蒙早已逃走了。后羿气得捶胸顿足，悲痛欲绝，仰望着夜空呼唤嫦娥，这时他意外发现，今晚的月亮格外皎洁明亮，而且月中有个晃动的身影酷似嫦娥。后羿非常思念妻子，便派人到嫦娥喜爱的后花园里，摆上香案，放上嫦娥平时最爱吃的鲜果，遥祭在月宫里的嫦娥。

人们听说嫦娥奔月成仙的消息之后，也纷纷在月下摆设香案，向美丽善良的嫦娥仙子祈求吉祥平安。从此，中秋节拜月的风俗就在民间流传了下来。

节日简介

中秋节，又称月夕、秋节、仲秋节、八月节、八月会、追月节、玩月节、拜月节或团圆节等，是流行于中国众多民族与汉字文化圈诸国的传统文化节日，时在农历八月十五。因其恰值三秋之半，故名"中秋节"。

中秋节以明月之圆寓意人之团圆，寄托着思念故乡与亲人、祈盼丰收与幸福的美好心愿，成为丰富多彩、弥足珍贵的民族文化遗产。中秋节与端午节、春节、清明节并称为中国四大传统节日。

受中华文化的影响，中秋节也是东亚和东南亚一些国家尤其是当地的华人华侨的传统节日。2006年5月20日，国务院把中秋节列入首批国家级非物质文化遗产名录，自2008年起中秋节被列为国家法定节假日。

节日起源

（1）中秋节起源于古代帝王的祭月活动。"中秋"一词，最早见于《周礼》;《礼记》上也有记载："天子春朝日，秋夕月。"夕月就是祭月亮，说明早在春秋时代，帝王就已开始祭月、拜月了。后来，贵族官吏和文人学士也相继仿效，在中秋时节，对着天上又圆又亮的一轮皓月，观赏祭拜，寄托情怀，这种习俗就这样传到民间，形成一个传统的活动。一直到了唐代，这种祭月的风俗更被人们重视，中秋节才成为固定的节日。至明清时，中秋节已与元旦齐名，成为我国的主要节日之一。

（2）中秋节的起源与古代农业生产有关。"秋"字的解释是："庄稼成熟曰秋。"秋天是收获的季节，八月中秋，农作物和各种果品陆续成熟，人们为了庆祝丰收、表达喜悦心情，就以"中秋"这天作为节日。"中秋"就是秋天中间的意思，农历的八月是秋季中间的一个月，十五日又是这个月中间的一天。因此，有人认为中秋节是由古人"秋报"活动流传下来的。

（3）也有专家经研究认为，中秋节的起源应与反隋义军发明的军粮有关。隋朝末年，在大业十三年八月十五日，唐军中的裴寂以圆月作为构思，成功发明月饼，并广发军中作为军饷，成功解决了因大量吸收反隋义军而衍生之军粮问题。

节日习俗

（1）祭月、拜月、赏月。我国周代，就有了中秋夜迎寒和祭月的习俗。设大香案，摆上月饼、西瓜、苹果、红枣、李子、葡萄等祭品，其中月饼和西瓜是绝对不能少的，西瓜还要切成莲花状；到唐代，中秋赏月十分流行，许多诗人的名篇中都有咏月的诗句。到宋代，中秋赏月之风更盛；明清宫廷和民间的拜月赏月活动更具规模，中国各地至今遗存着许多"拜月坛""拜月亭""望月楼"等古迹。直到今天，一家人围坐在一起，欣赏皓月当空的美景仍是中秋佳节必不可少的活动之一。

（2）燃灯。中秋之夜，古代有燃灯以助月色的风俗。近代中秋燃灯之俗更盛。从古至今中秋燃灯之俗的规模似乎仅次于元宵灯节。

（3）观潮。古代的浙江一带，除赏月之外，观潮可谓是又一中秋盛事。中秋观潮的风俗由来已久，早在汉代枚乘的《七发》赋中就有了相当详尽的记述。

（4）猜谜。中秋月圆夜在公共场所挂上许多灯笼，人们喜欢聚集在一起，猜灯笼上写的谜语，同时也传出一些爱情佳话，因此中秋猜灯谜也被衍生成一种男女相恋的形式。

节日饮食

（1）吃月饼。中秋之夜边赏月边吃月饼是中国各地过中秋节最重要的习俗。俗话说："八月十五月正圆，中秋月饼香又甜。"月饼与各地饮食习俗相融合，发展出了京式、广式、苏式、潮式、滇式等月饼，被中国南北各地的人们所喜爱。月饼一词，源于南宋吴自牧的《梦粱录》，那时仅是一种点心食品。到后来人们逐渐把赏月与月饼结合在一起，寓意家人团圆，寄托思念。同时，月饼也是中秋时节朋友间用来联络感情的重要礼物。在福建厦门地区还有博饼的习俗，而且博饼被列为国家非物质文化遗产项目。

（2）饮桂花酒。农历八月，正是桂花飘香的季节。中秋之夜，望着皎皎明月，闻着阵阵桂香，吃着用桂花制作的各种食品（以糕点、糖果最为多见），再喝上一杯桂花蜜酒，合家欢庆，甜甜蜜蜜，已成为节日中一种美的享受。

除此之外，我国民间还有在中秋佳节吃鸭子、吃田螺、吃芋头等习俗。

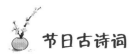 **节日古诗词**

十五夜①望月寄杜郎中②（唐·王建）

中庭③地白④树栖鸦，冷露⑤无声湿桂花。

今夜月明人尽⑥望，不知秋思⑦落谁家？

【注释】①十五夜：指农历八月十五的晚上，即中秋夜。②杜郎中：即杜元颖。③中庭：即庭中，庭院中。④地白：指月光照在庭院的样子。⑤冷露：秋天的露水。⑥尽：都。⑦秋思：秋天的情思，这里指怀人的思绪。

【诗句大意】庭院地面上的月光一片洁白，树上栖息着鹊鸦；秋露点点无声，打湿了院中的桂花。今夜明月当空，世间人人都仰望；不知道这秋日的情思会落到谁家？

望月怀远①（唐·张九龄）

海上生明月，天涯共此时。

情人②怨遥夜③，竟夕④起相思。

灭烛怜⑤光满，披衣觉露滋⑥。

不堪⑦盈手⑧赠，还寝⑨梦佳期⑩。

【注释】①怀远：怀念远方的亲人。②情人：多情的人，指作者自己；一说指亲人。③遥夜：长夜。④竟夕：终夜，通宵，即一整夜。⑤怜：爱。⑥滋：湿润。⑦不堪：不能。⑧盈手：双手捧满之意。盈，满。⑨寝：入睡。⑩佳期：指美好的时光；男女约会的日期。

【诗句大意】水面上升起了一轮明月，你我天各一方共赏月亮。有情人怨恨这漫漫的长夜，彻夜不眠将你苦苦思念。熄灭灯烛月光满屋令人爱，披衣起来露水沾湿了衣衫。不能够手捧美丽的月光赠与你，不如快快入睡在梦中与你共欢聚。

思维导图说中秋

一、确定并绘制思维导图的中心图部分

中秋节是中华民族的传统节日，提到中秋节，除了圆月和月饼，最让人印象深刻的一个画面就是嫦娥了。

这张思维导图的中心图有这样几个部分：首先背景是深蓝色的夜空和一轮圆圆的明月，在月亮的前边，嫦娥抱着玉兔坐在一朵云上。可能这张思维导图的中心图稍微有一点复杂，如果小朋友实在画不出嫦娥，也可以只尝试着画玉兔。

其实中心图不一定要画得特别精美，但是我们画的时候要能够清晰地知道自己画的是什么。

二、绘制思维导图的第一部分

思维导图的第一部分是节日故事，故事当中涉及了一些人物，我们把这些人物作为前边的分支，后边是对这些人物以及与这些人物相

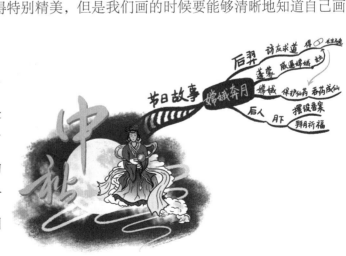

关事件的解释说明。

三、绘制思维导图的第二部分

　　思维导图的第二个部分是节日简介，包含节日的时间、别称、演变、特点以及成为国家法定节日的时间。

四、绘制思维导图的第三部分

　　思维导图的第三部分是中秋节的起源。

　　每当提到祭祀的时候，我们都可以画一个"上香"的小插图，其实中国的很多节日都会有祭祀的活动，或者说都跟祭祀有关。这一个小插图还是比较常用的。

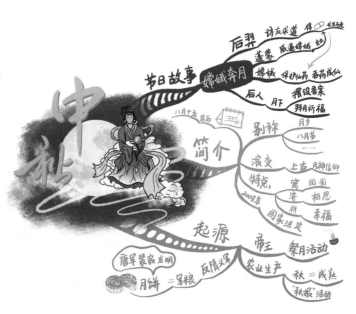

五、绘制思维导图的第四部分

　　思维导图的第四个部分是中秋节的习俗，包括祭月、拜月、赏月、燃灯、观潮和猜谜活动。

六、绘制思维导图的第五部分

　　第五部分就是中秋节的饮食，因为月饼是每一个中国人都知道的、典型的中秋节美食，所以在绘制插图的时候，我们可以在出现月饼的地方画月饼插图。

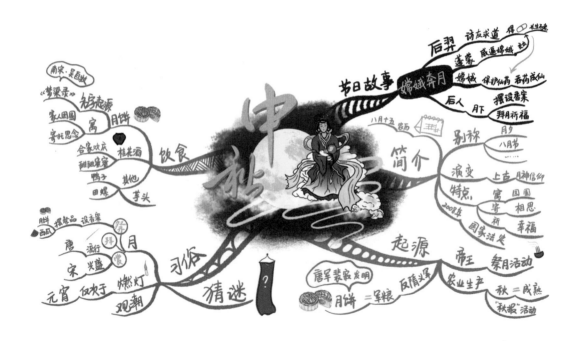

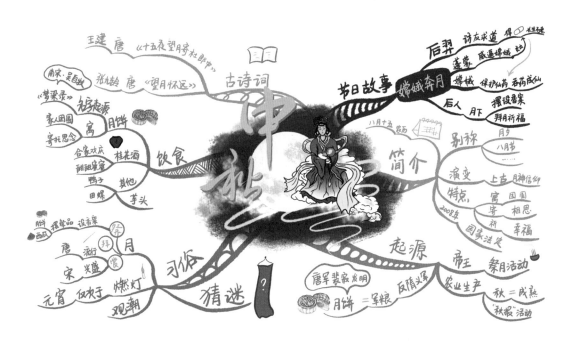

七、绘制思维导图的第六部分

　　最后一部分是关于中秋节的诗词，除了文章中提到的两首，小朋友们如果想到其他的也可以进行补充。

画出属于你的思维导图

每个人心中的中秋节思维导图都不一样，小朋友们，发挥你的想象力，画出你心中关于中秋节的思维导图吧！

重阳节

恒景除魔

很久很久以前的一个夏天，汝河两岸突然流行起了瘟疫，死了很多乡亲。村子里有一个叫恒景的男孩，他的父母不幸也都病死了。原来这种瘟疫是一个瘟魔闹出来的，这个坏妖怪住在汝河里，他走到哪儿就会把瘟疫带到哪儿。

恒景决心要除掉这个恶魔。他听说东南方的大山里住着一位老神仙，能降妖除魔，就决定去找他拜师学艺，于是带上一袋干粮就上路了。他一路走，一路打听，走了三天三夜，终于找到了一个开满菊花的山谷。在一座草房前，老神仙正笑眯眯地等在那里。他收了恒景做弟子，送给恒景一把降妖青龙剑，还教给他降妖的剑术。

恒景练习剑术非常勤奋。他每天天不亮就起来练剑，练得大汗淋漓，擦干汗，再练；摔伤了，包扎一下，咬牙坚持着，继续练！一年时间过去了，恒景练出了一身好武艺。

一天早晨，神仙爷爷对他说："你来这儿时间也不短了，我算了一下，今年农历九月初九，瘟魔又要出来害人了。你的本领已经学成，赶紧回去救人吧。"神仙爷爷递给他一包茱萸叶和一瓶菊花酒，然后让恒景骑在仙鹤背上回家去了。

到了九月初九，恒景按照神仙爷爷的嘱咐，分给乡亲们每人一片茱萸叶带在身上，又让每人喝了一口菊花酒，然后领着大家登上了附近的一座高山。

到了中午，瘟魔嚎叫着跑进村里，发现村民们都躲在山上，他狂叫着向山上冲去。突然，一阵浓郁的茱萸叶和菊花酒的香气迎面扑来，熏得瘟魔头昏眼花，一会儿就瘫软在地上了。恒景冲下山来，一剑刺穿了瘟魔的胸膛。

从此，汝河两岸的百姓再也不会受到瘟疫的伤害了，大家高高兴兴地劳作、生活，又过上了幸福的日子。从此，每年的农历九月初九这一天，都要举行登高、插茱萸、喝菊花酒等活动，这样的习俗就一直流传了下来。

节日简介

重阳节，又称为重九节、晒秋节、踏秋，为每年的农历九月初九日，是中国民间的传统节日。《易经》中把"九"定为阳数，"九九"两阳数相重，所以叫"重阳"；因日与月皆逢九，故又称为"重九"。重阳节与除夕、清明节、中元节并称中国传统四大祭祖节日。

在民俗观念中，九九重阳是个吉祥的日子。"九"在数字中是最大数，有"长久长寿"的含意，寄托着人们对老人健康长寿的祝福。古时民间在重阳节有登高祈福、秋游赏菊、佩插茱萸、拜神祭祖及饮宴求寿等习俗。传承至今，又添加了尊老敬老等内涵，于重阳之日盛宴高会，感恩敬老。登高赏秋与感恩敬老是当今重阳节日活动的两大重要主题。

2006年5月20日，重阳节被国务院列入首批国家级非物质文化遗产名录。2013年7月1日实施的《中华人民共和国老年人权益保障法》明确规定，将每年的农历九月初九定为全国法定的"老年节"，为重阳节赋予了新的时代内涵。

节日起源

（1）据现存史料及考证，重阳节的源头，可追溯到上古时期的丰收祭天活动。

（2）关于重阳习俗活动，现存的文字记载最早见于《吕氏春秋·季秋纪》："（九月）命家宰，农事备收，举五种之要。藏帝籍之收于神仓，祗敬必饬。是日也，大飨帝，尝牺牲，告备于天子。"由此可见，当时已有在九月农作物秋收之时祭天帝、祭祖先，以谢天帝、祖先恩德的活动。这是远古时期，重阳节作为一种祭祀活动而存在的原始形式。

（3）汉代刘歆在《西京杂记》中记西汉时的宫人贾佩兰称："九月九日，佩茱萸，食蓬饵，饮菊花酒，云令人长寿。"相传自此时起，有了重阳节求寿的习俗，同时还有大型饮宴活动，是由先秦时庆丰收的宴会发展来的。

（4）到了唐代，重阳节被列为国家认定的节日。

节日习俗

（1）登高。重阳登高习俗源于此时的气候特点以及古人对山岳的崇拜。重阳节登高"辞青"也是源于大自然的节气，与古人在阳春三月春游"踏青"相对应。"登山祈福"的习俗在春秋战国时期已流行。

（2）赏菊。赏菊习俗源于菊文化。菊本是天然花卉，其花色五彩缤纷且傲霜怒放，因而形成了赏菊赞菊的菊文化。在中国古俗中，菊花象征长寿，又被文人们视作凌霜不屈的象征。农历九月俗称菊月，节日举办菊花大会，倾城的人潮赴会赏菊。从三国魏晋以来，重阳聚会饮酒、赏菊赋诗已成时尚。

（3）佩茱萸。茱萸是一种可以做中药的植物果实。重阳节清气上扬，浊气下沉，古人认为在重阳节这一天登山插茱萸，可以防虫去湿、驱除风邪，用天然药物茱萸等可以促进体魄健康，使人适应自然气候变化。

此外，人们还有在重阳节祭祖、求寿、晒秋、放纸鸢等民俗活动。

节日饮食

（1）饮菊花酒。在古代，菊花酒被看作重阳必饮、祛灾祈福的吉祥酒。由于菊具有独特品性，成为生命力的象征；另外，菊花含有养生成分，晋代葛洪《抱朴子》记载，南阳山中人家饮用遍生菊花的甘谷水而益寿。菊花酒味道微微有一点苦，饮后可使人明目醒脑，而且具有祛灾祈福的吉祥寓意。菊花酒汉代已见，直到明清仍然盛行，是延年益寿的上好的健身饮料。

（2）吃重阳糕。重阳糕又称花糕、菊糕、五色糕，制无定法，较为随意。九月九日天明时，把一片重阳糕搭在儿女额头，口中念念有词，祝愿子女百事俱高，这是古人九月做糕的本意。讲究的重阳糕要做成九层，像座宝塔，上面还做两只小羊，以符合重阳（羊）之义。

（3）吃羊肉面。重阳节为什么要吃羊肉面？"羊"与"阳"谐音，应重阳之典。面要吃白面，"白"是"百"字去掉顶上的"一"，有"一百减一为九十九"的寓意，以应"九九"之典。而在古时候，有钱人家当日会举行以羊肉为主的宴会，包括爆、烤、涮羊肉以至全羊席。这也是一种对节日的纪念和对睦邻友好的表达方式。

另外，我国民间还有在重阳节吃糍粑、吃螃蟹、吃柿子等传统习俗。

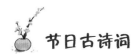 **节日古诗词**

九月九日①忆②山东③兄弟（唐·王维）

独在异乡④为异客⑤，每逢佳节⑥倍思亲。

遥知兄弟登高⑦处，遍插茱萸⑧少一人。

【注释】①九月九日：即重阳节。古以九为阳数，故曰重阳。②忆：想念。③山东：王维迁居于蒲县（今山西永济市），在函谷关与华山以东，所以称山东。④异乡：他乡、外乡。⑤为异客：做他乡的客人。⑥佳节：美好的节日。⑦登高：古有重阳节登高的风俗。⑧茱萸（zhū yú）：一种香草，即草决明。古时人们认为重阳节插戴茱萸可以免灾避邪。

【诗句大意】一个人独自在他乡作客，每逢这美好的节日就倍加思念远方的亲人。遥想兄弟们今日登高望远时，头上插满茱萸只少我一人。

采桑子①·重阳②（现代·毛泽东）

人生易老天难老③，岁岁重阳。

今又重阳，战地④黄花⑤分外香。

一年一度⑥秋风劲⑦，不似⑧春光。

胜似⑨春光，寥廓⑩江天万里霜。

【注释】①采桑子：词牌名。②重阳：阴历九月初九，传统上文人登高赋诗之日。③天难老：苍天不会衰老。此句化用唐朝李贺的《金铜仙人辞汉歌》诗句："衰兰送客咸阳道，天若有情天亦老。"④战地：两军交战的地方或接近交战的区域。⑤黄花：指菊花。⑥一年一度：指每年一次。⑦劲（jìng）：猛烈。⑧不似：不类似，不像。⑨胜似：胜过，超过。⑩寥廓（liáo kuò）：空阔远大。

【诗句大意】人的一生多么容易衰老而苍天不老，重阳节年年都会来到。今天又逢重阳，战场上的菊花是那样的芬芳。一年又一年秋风刚劲地吹送，这景色不如春天的光景那样明媚，却比春天的光景更为壮美，如宇宙般广阔的汀江之上是绵绵不绝的秋霜。

思维导图说重阳

一、确定并绘制思维导图的中心图部分

说到重阳节你会想到什么呢？我们知道重阳节现在也被公认为老年节，提到老年很容易想到夕阳，所以中心图主图是一个夕阳。重阳节会有赏菊花和登高的习俗。那重阳节的中心图就用菊花、山、夕阳等元素组合在一起吧。

二、绘制思维导图的第一部分

第一部分是节日故事——恒景除魔的传说。我们可以把瘟魔和恒景分画在两个分支上，后边用带"除"字的箭头由恒景指向瘟魔。

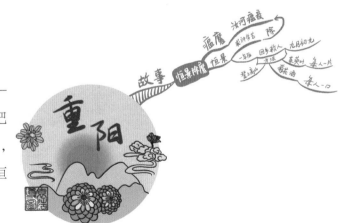

三、绘制思维导图的第二部分

思维导图的第二部分是节日简介，包括节日的别名、时间以及节日的内涵。

在这部分有一个关联线，重阳节的日期九月初九，有可能是因为跟传说当中恒景回乡救人的九月初九这个时间相吻合。毕竟两个时间是一样的，就画一条线把它们连起来，便于查找。

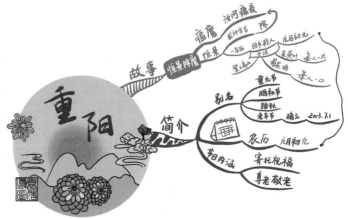

四、绘制思维导图的第三部分

思维导图的第三个部分讲的是节日起源，从节日的出现到关于节日习俗的记载，再到节日的普及以及鼎盛，都分别做了介绍。

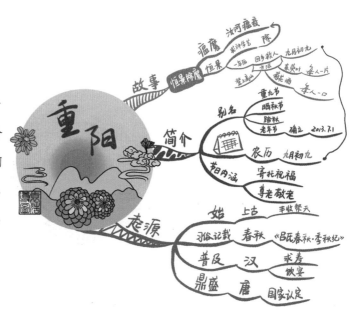

五、绘制思维导图的第四部分

思维导图的第四个部分是节日习俗。这里有一个高高的山作为这部分的背景，登高赏菊，是最常见的重阳节习俗。

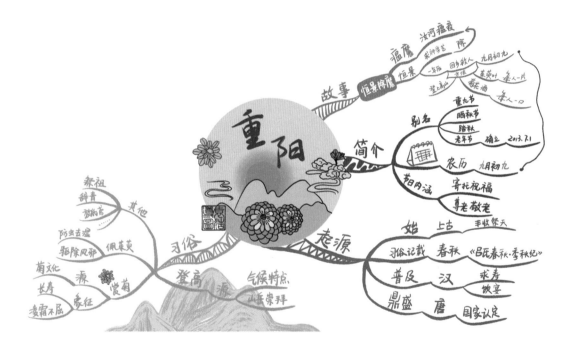

六、绘制思维导图的第五部分

　　思维导图的第五个部分是节日饮食。比如有喝菊花酒、吃重阳糕的习俗，并且羊，对于重阳节也是非常重要的，各地都会吃羊肉，因为重"羊"谐音重阳。

　　重阳节前后也正是螃蟹丰收的时候，这个时候的螃蟹也是很多人的最爱。

七、绘制思维导图的第六部分

思维导图的最后一个部分是关于重阳节的诗词。到这里，这张思维导图就绘制完成了。

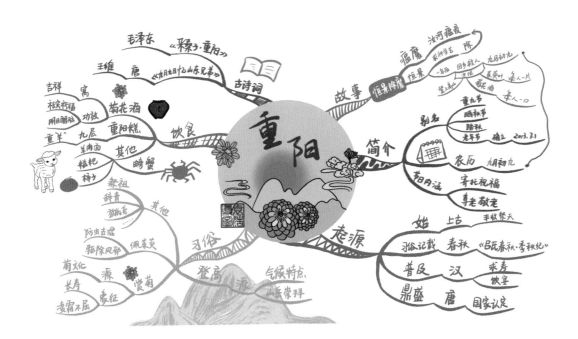

画出属于你的思维导图

　　每个人心中的重阳节思维导图都不一样，小朋友们，发挥你的想象力，画出你心中关于重阳节的思维导图吧！

冬至节

祛寒娇耳汤的故事

被称为"医圣"的张仲景，是东汉末年著名的医学家。相传他在长沙做官告老还乡时，正赶上冬天，寒风刺骨，雪花纷飞。他看到家乡很多人因为寒冷，把耳朵都冻烂了，心里十分难受。

他决心要为乡亲们解除痛苦，经过多少个日日夜夜，终于研制成了一个可以御寒的食疗方子，叫"祛寒娇耳汤"。祛寒娇耳汤当初其实就是把羊肉、辣椒和一些祛寒的药物放在锅里煮，熟了以后捞出来切碎，用面皮包成耳朵的样子，再下锅用原汤将包好馅料的面皮煮熟。面皮包好后，样子像耳朵，又因为功效是为了防止耳朵冻烂，所以张仲景给它取名叫"娇耳"。

张仲景叫徒弟在南阳东关的道旁搭了个棚子，支上大锅，为穷人舍药治病。他让徒弟给每个穷人一碗汤，两个"娇耳"。人们吃了"娇耳"，喝了汤，浑身发暖，两耳生热，再也没人把耳朵冻伤了。而这开始的第一天正是冬至这一天。

又过了好几年的一年冬天，张仲景驾鹤西去了，寿终的那天正好也是冬至。当送葬的队伍走到当年张仲景为大家舍"祛寒娇耳汤"的地方，棺绳忽然断了。大家按照张仲景生前的嘱托，就地打墓、下棺、填坟。

　　张仲景是在冬至这天为大家舍"祛寒娇耳汤"的，又是在冬至这天去世的。为了纪念他，大家从此在冬至这天都要包一顿饺子吃，并且都说，冬至这天吃了饺子，冬天耳朵就不会冻了。于是，冬至这天吃饺子的习俗就流传了下来。

节日简介

　　冬至，也称"冬节""亚岁"或"长至节"等。南朝梁人崔灵恩撰写的《三礼义宗》记载，"(冬至)有三义：一者阴极之至，二者阳气始至，三者日行南至，故谓之冬至也"。古人认为冬至是"阴阳"相争之日，是阴阳二气自然转化的时间节点，是预测一年晴雨、冷暖、祸福的好时机。

　　冬至兼具着自然与人文两大内涵，既是二十四节气中一个重要的节气，也是中华民族共同的传统节日。首先，冬至是二十四节气中表示季节变迁的一个特定节令。这天，太阳直射地面的位置到达一年的最南端，太阳几乎直射南回归线（又称为冬至线），阳光照射北半球的角度最为倾斜。因此，冬至日是北半球各地一年中白昼最短的一天，并且越往北白昼越短。其次，冬至被视为冬季的大节日。在古代民间有"冬至大如年"的说法，冬至又被称为"小年"，冬至一到，新年就在眼前，所以古人认为冬至的重要程度并不亚于新年。

节日起源

（1）冬至节日，来源于冬至节气特点"冬至一阳生，天地阳气回升"。古人认为到了冬至这一天，天地寒气下降至最低点，阳气开始渐渐反升，所以古人将冬至视为吉日，在冬至祭祀神灵和祖先，形成节日风俗。

（2）据说从周代起就有冬至祭祀活动，因周历的正月相当于现代农历的十一月，亦即是冬至所在月份，所以有从周代起就有冬至祭祀活动的说法。《周礼·春官宗伯·司巫／神仕》记载："以冬日至，致天神人鬼。"目的在于祈求与消除国中的疫疾，减少荒年造成的饥饿与死亡。

（3）汉代前未见过冬至节日的文字记载，汉代是我国统一后第一个大发展时期，南北的经济文化交流使风俗习惯也互相融合，这对节日习俗的传播普及提供了良好的社会条件。到了汉代，才以冬至日为"冬节"，官府举行的祝贺仪式称为"贺冬"，官方例行放假，官场流行互贺的"拜冬"礼俗，商旅停业，亲朋各以美食相赠，相互拜访，欢乐地过一个"安身静体"的节日。

节日习俗

（1）据说从周代起就有冬至祭祀活动。在我国南方沿海一带，如粤西、潮汕、浙江部分地区，一直延续着祭祖的传统习俗。家家户户把祖先像、牌位等供于家中上厅的供桌上，摆好香炉、供品等。

（2）祭祖的同时，有的地方也祭祀天神、土地神，叩拜神灵，以祈福来年风调雨顺，家和万事兴。

节日饮食

（1）在我国北方许多地区，有吃饺子的习俗。每年农历冬至这天，不论贫富，饺子是必不可少的节日饭。谚语云："十月一，冬至到，家家户户吃水饺。"

（2）在我国南方一些地区，则比较盛行吃冬至团（冬至丸），取其团圆的意思。每逢冬至清晨，各家各户磨糯米粉，并用糖、肉、菜、果、萝卜丝等做馅，包成冬至团，不但自家人吃，也会赠送亲友以表祝福之意。

另外，杭州人喜欢吃年糕，每逢冬至做三餐不同风味的年糕，冬至吃年糕，年年长高，图个吉利。四川人冬至喜欢吃羊肉汤，羊肉可谓是冬日滋补之首。湖南、湖北一带，在冬至那一天一定要吃上赤豆糯米饭。广东人冬至吃烧腊与姜饭，冬至这天，大多数广东人都有"加菜"吃冬至肉的风俗。客家人则认为，冬至时的水味最醇，所以客家人冬至酿酒已成为习俗。

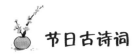 节日古诗词

邯郸①冬至夜思家（唐·白居易）

邯郸驿②里逢③冬至，抱膝④灯前影伴身⑤。

想得家中夜深⑥坐，还应说着远行人⑦。

【注释】 ①邯郸（hán dān）：地名，今河北省邯郸市。②驿（yì）：驿站，古代传递公文、转运官物或出差官员途中歇息的地方。③逢：正赶上，正遇上。④抱膝：以手抱膝而坐，有所思的样子。⑤影伴身：影子与自己相伴。⑥夜深：深夜的意思。⑦远行人：离家在外的人，这里指作者自己。

【诗句大意】 我居住在邯郸客栈的时候，正赶上是冬至佳节。到了晚上，我抱着双膝坐在灯前，只有影子与我相伴。我想象着，家中的亲人今天会相聚在一起，一直到深夜，还应该谈论着我这个远行的人。

冬至①（唐·杜甫）

年年至日长为客②，忽忽③穷愁泥④杀人！

江上形容⑤吾独老，天边风俗自相亲。

杖藜⑥雪后临丹壑⑦，鸣玉⑧朝⑨来散紫宸⑩。

心折⑪此时无一寸⑫，路迷何处望三秦⑬？

【注释】①至日：冬至这一天。②为客：寄居或迁居外地。③匆匆：形容时间过得很快。④泥（nì）：软缠，缠着。⑤形容：形体和容貌。⑥杖藜（lí）：拄着手杖行走。藜，野生植物，茎坚韧，可为杖。⑦壑：沟谷。⑧玉：玉佩。⑨朝：上朝。⑩紫宸（chén）：宫殿名，天子所居，泛指宫廷。⑪心折：心中摧折。形容伤感到极点。⑫一寸：古人常说心为方寸之地。⑬三秦：后世泛称陕西为"三秦"。

【诗句大意】每年的冬至这一天都是客居他乡，时间匆匆每天穷困愁苦缠身。整天在江上漂泊显得面容憔悴而苍老，每到冬至非常思念远在天边的家乡亲人。雪后拄着藜杖面对山沟，想起带着鸣响的佩玉上朝、散朝后离开皇宫的往事。每到此时心里感伤无限，路途迷茫怎能望得见皇都在哪里呢？

思维导图说冬至

一、确定并绘制思维导图的中心图部分

冬至和夏至一样是一个非常重要的日子，在冬至这一天，最有代表性的是几乎家家都会包饺子，所以这一张思维导图的中心图，是飘雪花、包饺子。

二、绘制思维导图的第一部分

关于冬至也有一个特别有趣的故事，就是关于医圣张仲景为百姓们熬制驱寒娇耳汤的故事。

故事发生的时间没有具体日期和具体时间点，所以用什么来作为时间的插图都是可以的，故事的人物是张仲景。这个故事的整个事件，是由于冬天天气太冷了，百姓的耳朵都冻烂了，所以张仲景研制出了"驱寒娇耳汤"，最后百姓为了纪念张仲景，到冬至这一天会吃饺子。以上就是第一部分的内容。

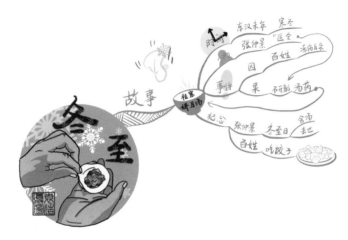

三、绘制思维导图的第二部分

思维导图的第二部分是

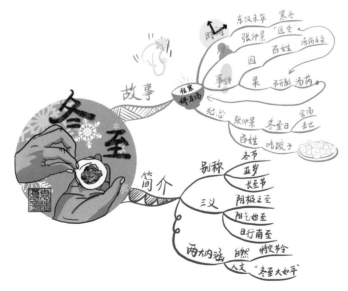

节日简介，包含了冬至的别称，在节气当中冬至的三义以及冬至节的两大内涵。

　　小朋友们可能会发现在这里有一个像弹簧线一样的画法，这个主要是因为直接接在"简介"的后边画"内涵"，这一张思维导图的布局将会变得比较混乱，会不美观，所以用弹簧线的形式，把这一根线延长，让它往下走。让所有的文字，都尽可能是水平方向的。

四、绘制思维导图的第三部分

　　思维导图第三个部分是冬至的起源，包括节气特点以及在周代和汉代的相关记载。

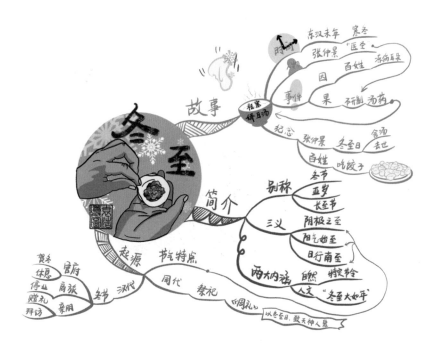

五、绘制思维导图的第四部分

　　导图的第四个部分是节日的习俗，祭祖、祭天地。

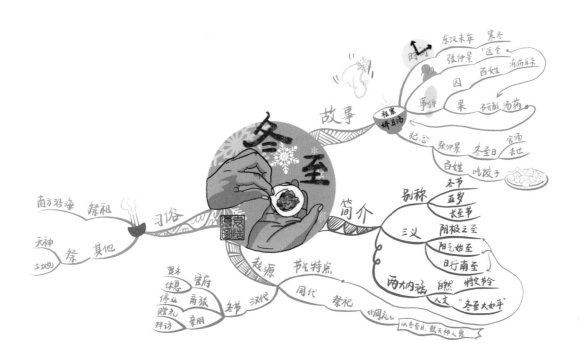

六、绘制思维导图的第五部分

第五个部分是冬至的饮食，主要是吃饺子、团子等。关于冬至到底吃什么，南北方还是有一些差异的。

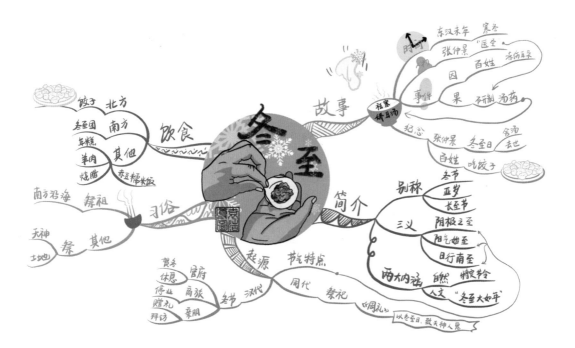

七、绘制思维导图的第六部分

最后一部分是关于节日的古诗词。

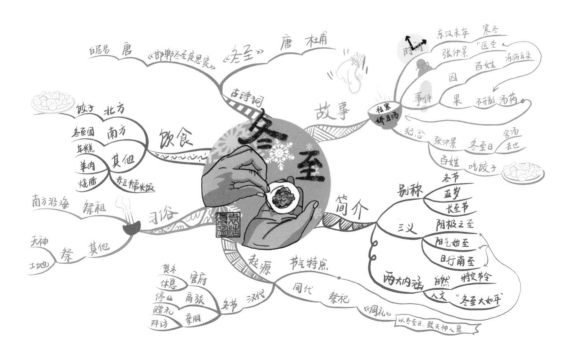

画出属于你的思维导图

每个人心中的冬至思维导图都不一样，小朋友们，发挥你的想象力，画出你心中关于冬至的思维导图吧！

腊八节

苏耶妲（dá）熬粥救佛祖

相传很久很久以前，在古印度的北部，也就是今天的尼泊尔南部，迦毗罗卫国有个净饭王。

净饭王有个儿子叫乔达摩·悉达多，也叫释迦牟尼。他年轻时就深深感到人世间生、老、病、死的各种苦恼，体察到社会生活的无限艰难，并对婆罗门教的神权极为不满。于是，在他29岁那年，舍弃王族的豪华生活，毅然出家修道，学练瑜伽（yú jiā），但苦苦修行多年却一无所获。

有一天，他来到了一处渺无人烟的大峡谷，发现这里流淌着一条清澈见底的大河。他想到河中去沐浴，一来可以清醒一下头脑，二来也想通过沐浴洗去心中的各种痛苦和烦恼。沐浴过后却发现自己身体非常虚弱，挣扎了老半天也无法爬回岸上来。

就在这时，牧女苏耶妲出现在眼前，将他拉上了河岸，并给了他一碗用米、粟等熬成的粥。他吃过这碗粥之后，顿时觉得精力充沛、浑身有力。他来到一棵菩提树下，入定七日之后，幡然觉悟了人世间的一切，夜睹明星而悟道成佛。他又把这种大彻大悟的思想总结成章，创立了影响世界的佛教。他悟道成佛这一天恰巧是农历腊月初八。从此，佛门弟子将粥视为良药，寺庙每年在腊八这天以粥供佛，并向世人布施。

佛教传入我国后，各地兴建寺院，煮粥敬佛的活动也随之盛行起来，尤其是到了腊月初八，祭祀释迦牟尼修行成道之日，各寺院都要举行诵经活动，并效仿牧女煮粥敬佛。

节日简介

腊八节，民间俗称"腊八"，又称为"佛成道节""成道会"，日期在农历十二月初八。

早在上古时期，我国一些地方就有在腊月祭祀祖先和神灵、祈求丰收吉祥的传统，也有"喝腊八粥"的习俗。腊祭的对象，则是列祖列宗以及五位家神。五位家神指的是门神、户神、灶神、井神和宅神。因在十二月举行，故称该月为"腊月"，称腊祭这一天为"腊日"。

相传十二月初八这天还是佛祖释迦牟尼修行成道之日，称为"法宝节"，是佛教盛大的节日之一。"腊八"一词起源于南北朝时期，当时称为"腊日"，本为佛教节日，后经历代演变，逐渐成为家喻户晓的民间节日。

岁终之月称"腊"的含义有三：一曰"腊者，

接也"，寓有新旧交替的意思；二曰"腊者，同猎"，指田猎获取禽兽用来祭祖祭神，"腊"从"肉"旁，就是用肉"冬祭"；三曰"腊者，逐疫迎春"，指的是驱逐瘟疫、迎接新春的意思。

节日起源

腊八节起源的具体年代还不能确定，但是根据文献记载，自上古时代起，就有在腊日祭祀祖先和神灵的习俗，并祈求丰收和吉祥。

西汉礼学家戴圣编写的《礼记·郊特牲》中记载，腊祭是"岁十二月，合聚万物而索飨之也"。东汉学者应劭（shào）编写的《风俗通义》中记载："夏曰嘉平，殷曰清祀，周曰大蜡，汉改为腊。腊者，猎也，言田猎取禽兽，以祭祀其先祖也。"还有一种说法，即"腊者，接也；新故交接，故大祭以报功也。""腊"与"猎"通假，"猎祭"亦为"腊祭"。从上面文献资料可以看出，在夏朝就有了腊祭的习俗。

汉代以前，腊祭的具体日期并不固定。到了汉代，才明确了从冬至过后的第三个戌日为"腊日"，不过在这一天并不喝腊八粥，而只是作为祭奉诸神的日子。直到南北朝时，才将农历十二月初八固定为"腊八节"。

节日习俗

因为腊八节的起源就是祭祀，所以跟有些传统节日习俗一样，腊八节的主要传统习俗就是祭祀。准备好肉食果品等礼物，拜神供佛之后，再为家人祈祷好运，是腊八节历久不变的主旋律。

据文献资料记载，腊祭所拜之神除了五位家神（门神、户神、灶神、井神和宅神）之外，还有八种公共之神：一为先啬神，祭神农；二为司啬神，祭后稷；三为农神，祭古时田官之神；四为邮表畷神，祭始创田间庐舍、开道路、划疆界的神；五为猫虎神，祭其吃野鼠野兽，保护了禾苗；六为坊神，祭堤防；七为水庸神，祭水沟；八为昆虫神，祭以免虫害。

到了唐代，继承了汉代以来佛教文化对中国传统的影响，将沐浴洁身、驱除邪障与腊月联系起来，并逐渐从佛教信徒扩大至民间。至宋代，吃腊八粥的节俗出现。到了明清，敬神供佛更是取代祭祀祖灵、欢庆丰收和驱疫禳（ráng）灾，而成为腊八节的主旋律。其节俗主要是熬煮、赠送、品尝腊八粥，并举行欢庆丰收、感谢祖先和神灵的祭祀仪式。

节日饮食

（1）腊八粥。吃腊八粥是腊八节最普遍的习俗。我国吃腊八粥已有一千多年的历史。最早开始于宋代，到了清朝，喝腊八粥的风俗更是盛行。不同地区腊八粥的用料不尽相同，但基本上都包括大米、小米、糯米、紫米、薏米、高粱米等谷类，黄豆、红豆、绿豆、芸豆、豇（jiāng）豆等豆类，红枣、花生、杏仁、桂圆、莲子、栗子、枸杞子、核桃仁、葡萄干等干果类。腊八粥不仅是时令美食，更是养生佳品，尤其适合在寒冷的天气里保养脾胃。

（2）腊八蒜。腊八蒜是一道主要流行于北方（尤其是华北地区）的传统小吃。它是在阴历腊月初八这天来泡制。它的用材非常简单，就是醋和大蒜瓣儿，也有的地方还要加上一点糖。

（3）腊八豆腐。在腊月初八，家家户户都要晒制豆腐，民间把这种晒制的豆腐称作"腊八豆腐"。制作方法是先用黄豆做成豆腐，并切成圆形或方形的块状，然后抹上盐水或直接撒上适量食盐，放在冬日温和的太阳下慢慢烤晒，使盐分逐渐吸入，水分也渐渐晒干，就成了腊八豆腐。

另外，有的地方有吃腊八面、麦仁饭的习俗，还有的地方有吃冰、煮五豆的习俗。

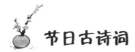 **节日古诗词**

腊节（北齐·魏收）

凝寒迫①清祀②，有酒宴嘉平③。

宿④心何所道，藉⑤此慰中情⑥。

【注释】①迫：接近。②清祀：古代十二月腊祭的别称。③嘉平：腊月的别称；腊祭的别称。④宿（sù）心：本来的心意；向来的心愿。宿，旧有的；一向有的。⑤藉：同"借"。⑥中情：指心中的敬神之情。

【诗句大意】寒凝大地，眼看就到腊祭这一天了。在桌上摆好酒肉来祭祀百神。原有的心愿怎么表达呢？就借助这祭祀活动来表达心中久怀的敬神之情。

腊八日雪（清·乾隆）

一夜同云①布，凌晨散玉花②。

最宜③逢腊日，顿觉助年华④。

麦垄从添润⑤，梅村欲放葩⑥。

所欣占⑦岁稔⑧，不为藉⑨烹茶。

【注释】①同云：同一颜色的云。②玉花：比喻雪花。③宜：适宜。④年华：指时光，春光。⑤润：润泽。⑥葩（pā）：指梅花。⑦占（zhān）：以口问卜。本义是推测吉凶，即察看甲骨的裂纹或蓍草排列的情况取兆推测吉凶。⑧稔（rěn）：庄稼成熟。⑨藉（jiè）：同"借"。

【诗句大意】一整夜里阴云密布，天快亮时下起了白玉般的雪花。最惬意的是盼到了腊日这一天，顿时觉得时光更加美好。麦子垄上从此增添了湿润的水汽，村里也将绽放出鲜艳的梅花。我所高兴的是能凭借大雪推测出丰收的年景，并不是为了借助白雪来为自己煮茶。

思维导图说腊八

一、确定并绘制思维导图的中心图部分

　　腊八节可能是每一个小孩都很期待的节日，因为有一句老话说："小孩小孩你别馋，过了腊八就是年。"腊八粥又是腊八节最有特点的食物，所以这张思维导图的中心图，就是一个小孩趴在一碗大大的腊八粥前，期盼着过年。

二、绘制思维导图的第一部分

　　思维导图的第一个部分是关于腊八节起源的小故事。这个故事，是跟佛祖释迦牟尼有关的。所以在故事这里画了一个佛祖的插图。

三、绘制思维导图的第二部分

思维导图的第二个部分是节日简介。包括腊八节的别名、时间以及腊八节原本是佛教的节日，还有腊八节当中"腊"的含义。

四、绘制思维导图的第三部分

思维导图的第三个部分是腊八节的起源。腊八节的起源很早，并且在这个过程当中，没有特别多的变化。

五、绘制思维导图的第四部分

　　思维导图的第四个部分是关于节日的习俗。在古代腊八节是祭祀的节日，人们会在这时候开始举行腊祭，这一活动，在夏朝就有文献记录了。小朋友们看这一条绿色的长长的线，把两个关联的信息连接了起来。

六、绘制思维导图的第五部分

　　思维导图的第五部分是腊八节的饮食，人们常吃的腊八粥、腊八蒜、腊八豆腐、腊八面等，都是跟腊八节有关的，而且腊八粥是特别养脾胃的，对人的身体有好处，所以在养脾胃的旁边画了一幅插图。

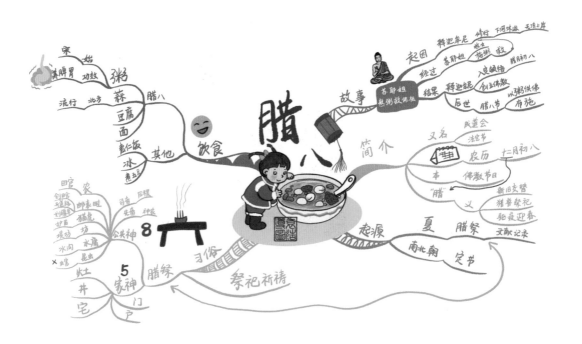

七、绘制思维导图的第六部分

导图的最后一部分是相关的古诗词，小朋友们快快查看一下吧！

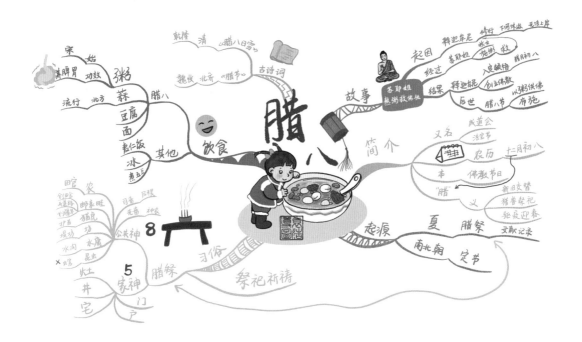

画出属于你的思维导图

　　每个人心中的腊八节思维导图都不一样，小朋友们，发挥你的想象力，画出你心中关于腊八节的思维导图吧！

除夕节

年除夕兽

相传，古时候的人们害怕黑夜的来临，因为夜幕下有很多令人恐怖的东西，有豺狼虎豹，有鬼魅妖魔等。其中有一个怪兽尤为恐怖凶猛，它会在冬天太阳下山后出来，捣毁村庄，祸害百姓，它的名字叫"夕"。我们的祖先们非常惧怕怪兽"夕"，所以，人们就把日落也叫作"夕"，因为太阳西下后，"夕"就要来了。

惊慌失措的人们只好在"夕"到来前四处逃散，躲进深山，逃不掉的村民就求灶神保佑。灶神听到了人间的疾苦，就将此事上报给天宫，希望天上有神仙能除掉"夕"兽。可能是那时的神仙都比较忙，加之"夕"兽来历不明，没有神仙愿管此事。此时灶神的小孙子名叫"年"的小神仙，初生牛犊不怕虎，从众神中站了出来，愿意下凡除掉"夕"兽。

于是，在一个深冬的夜里，"年"手里拿着从爷爷那里借来的神器火符和红绸缎，来到了人间，与正在村里肆虐的"夕"兽展开大战，一直打到大年三十夜。"年"把"夕"逼到一堆竹竿旁，然后用火符点着了竹竿，竹子燃烧后火光冲天，"噼啪"爆响，"夕"兽非常害怕。"年"神终于明白"夕"兽害怕"爆竹"，于是，带领着个个手里拿着燃烧的竹子的村民，来烧"夕"兽。"夕"兽被点着了，哀嚎一声，逃得无影无踪，此后就再也没有见到"夕"这种怪兽。这就是"除夕"的故事啦。

除夕，是农历每年最后一天的夜晚。每年的最后一天称为"岁除"，意为旧岁至此而除，另换新岁。除，就是去除的意思；夕，指夜晚。"除夕"就是岁除之夜的意思，又称大年夜、除夕夜、除夜等。

除夕与新年首尾相连，是除旧迎新的重要时间交界点。除夕因常在农历十二月廿九或三十日，所以又称这一天为大年三十。岁除之日，民间尤为重视，家家户户忙忙碌碌，清扫庭舍，除旧布新，张灯结彩。

节日起源

（1）除夕作为年尾的节日，源自上古时代岁末的除旧布新、庆祝丰收以及祭祀神灵的风俗。

（2）最早提及"除夕"这一名称的，是西晋周处撰写的地方风物志《风土记》。后又称除夕的前一天为小除，即小年夜；除夕为大除，即大年夜。

（3）除夕所处的这一天，也叫"过年"。起源于远古时期的人们庆祝丰收以及祭祀神灵，这是比较常见的看法。在农耕的社会，"年"与作物的收获有关。从甲骨文的字形上看，"年"的上面是个"禾"字，下面是个"人"，意思是禾谷成熟，人在负禾。从小篆字形上看，"年"是个形声字，"禾"是形旁，表意；"千"是声旁，表音。本义是年成，即五谷成熟的意思。所以古代过年就与丰年祭祀有关，表示一年的结束并庆祝作物的丰收，人神同乐；另一方面，祭祀神灵，感谢其护佑，并祈求来年好运。

节日习俗

（1）贴年红。年红，是春联、门神、福字、窗花、年画等过年时所贴的红色喜庆元素的统称。过年贴年红（也叫"挥春"），是中国民间由来已久的风俗，寄托了人们对幸福生活的向往、对美好未来的祝愿。

（2）挂灯笼。中国的灯笼又统称为灯彩。红色代表喜庆，圆形灯笼则寓意团圆美满，红灯笼象征着平安祥和、红红火火。除夕节人们都挂起象征团圆意义的红灯笼，来营造一种喜庆的氛围。

（3）祭祖。因各地礼俗的不同，祭祖形式也各异，有的到坟地祭拜祖墓，有的到宗祠拜祖，而大多在家中将祖先牌位依次摆在正厅，陈列供品，然后祭拜者按长幼的顺序上香跪拜。

（4）压岁钱。年晚饭后，长辈要将事先准备好的压岁钱分给晚辈。据说压岁钱可以压住邪祟，保佑晚辈平平安安。过年给压岁钱，体现出长辈对晚辈的关爱和晚辈对长辈的尊敬，是一项整合家庭伦理关系的民俗活动。

（5）守岁。除夕之夜，所有屋子都点燃烛火，合家欢聚，并守着"岁火"不让熄灭，迎接新年到来。据说经如此烛火照过之后，一切邪瘟病疫都会被照跑驱走；同时，燃烛守岁也表达了人们期待着新的一年吉祥如意的心愿。

（6）放爆竹。除夕之夜，家家户户燃放爆竹，以哔哔叭叭的爆竹声除旧迎新。爆竹是中国特产，也称"爆仗""炮竹""炮仗""鞭炮"。放爆竹的原始目的是迎神与驱逐鬼怪，后来它成为节日的一种娱乐活动，可以创造出喜庆热闹的节日气氛。随着现代社会环境污染的加剧，过年放爆竹也不再提倡。

节日饮食

（1）北方一般是吃饺子。饺子，古称"角子"。吃饺子是表达人们辞旧迎新之际祈福求吉愿望的特有方式。年三十晚上11时到第二天凌晨1时为子时，"交子"即新年与旧年相交的时刻。饺子就意味着更岁交子，过春节吃饺子被认为是大吉大利。

（2）南方一般是吃元宵和年糕。元宵又叫"汤圆""团子""圆子"，中间包糖为多，取全家团圆美满甜蜜之意。年糕由糯米做成，利用谐音取"年年高"之意。

（3）也有的地方吃馄饨。新年吃馄饨取其"开初"之意。传说盘古氏开天辟地，结束了混沌状态，才有了宇宙四方。再有就是取"馄饨"与"浑囤"的谐音，意思是粮食满囤。

（4）还有的地方吃长寿面。除夕吃长寿面，表达了人们期盼健康长寿、长命百岁的美好愿望。

节日古诗词

除夜宿石头驿①（唐·戴叔伦）

旅馆谁相问，寒灯独可亲。

一年将尽夜，万里未归人。

寥落②悲前事，支离③笑此身。

愁颜④与衰鬓，明日又逢春。

【注释】①除夜：除夕之夜。石头驿：在今江西省南昌市新建区赣江西岸。②寥落：稀少，冷落。此处有孤独、寂寞之意。③支离：即分散。④愁颜：犹愁容。衰鬓：年老而疏白的鬓发，多指暮年。

【诗句大意】在这寂寞的旅店中有谁来看望慰问我呢？只有一盏冷清的孤灯与我相伴相亲。今夜是一年中的最后一个夜晚，我还在万里之外作客飘零，未能回转家门。回首从前竟是一事无成，令人感到悲凉伤心，孤独的我只有苦笑与辛酸。愁苦使我容颜变老，白发爬满双鬓，在一片叹息声中又迎来了一个新春。

应诏①**赋得除夜**（唐代·史青）

今岁今宵尽，明年明日催。

寒随一夜去，春逐②五更来。

气色空③中改，容颜暗里回④。

风光⑤人不觉，已著⑥后园梅。

【注释】①应诏：旧指奉皇帝之命而做诗文。诏，皇帝的颁发的命令文告。②逐（zhú）：追随。③空：不知不觉的意思，下句中的"暗"同此意。④回：改变。⑤风光：时光，春光。⑥著（zhuó）："着"的本字，附着，贴近。

【诗句大意】今晚过去了，又过了一年，明天就是明年了。寒冷的冬天即将过去，离春天不远了。时光不知不觉地过去，把人的容颜都催老了。人们没有感觉到春光的到来，可它已催开了后园的梅花。

思维导图说除夕

一、确定并绘制思维导图的中心图部分

这张除夕节的思维导图是本书的最后一张。我们先确定中心图。

在除夕节的这一天，人们会贴春联，放鞭炮，挂上红灯笼。关于除夕节，还有年除夕兽的传说，可以在中心图上把这个怪兽画出来。因为春联儿是红色的，据说可以压制这个怪兽，所以把怪兽画在了春联之下。

二、绘制思维导图的第一部分

思维导图的第一个部分是年除夕兽的故事。一神一兽，大战了一场，最终为百姓带来了平安。

三、绘制思维导图的第二部分

思维导图的第二个部分是节日简介。这一天也叫岁除，是农历的最后一天。

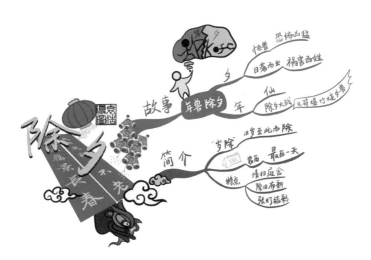

四、绘制思维导图的第三部分

　　第三部分是节日的起源。从上古开始就已经有除夕了。关于过"年"，给大家画了一个甲骨文字，你看到了吗？

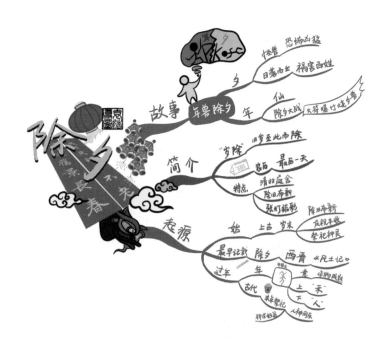

五、绘制思维导图的第四部分

思维导图的第四个部分是除夕的习俗。最有特点的是挂红灯笼、放爆竹和长辈给孩子压岁钱，所以这三个地方都画了插图。如果你还知道其他印象深刻的习俗，不妨画在空白处吧。

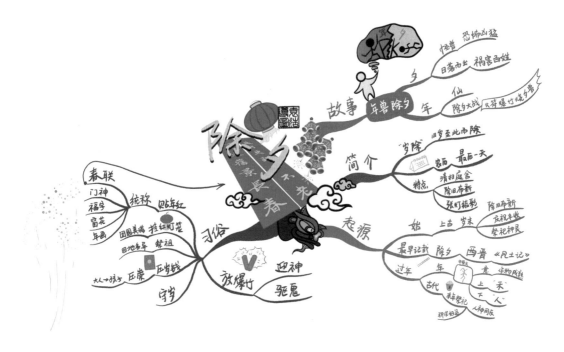

六、绘制思维导图的第五部分

思维导图的第五部分是除夕的饮食。关于年糕和饺子，做了一个插图的补充。

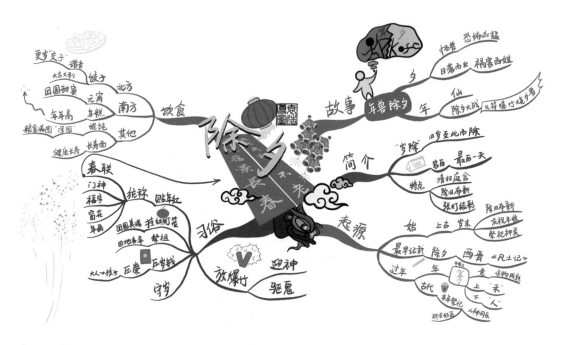

七、绘制思维导图的第六分

最后一个部分是关于除夕的古诗词。

小朋友们有没有发现，这张图有一个特点，虽然每一个板块的颜色都有不同，但是整体颜色差别不大，并不像我们之前说的，板块之间要区分明显，这是为什么呢？

其实颜色对于思维导图来说很重要，但是它又不起着决定性的作用。有的时候我们可以通过颜色去对比一些信息，比如年除夕兽上边这个小气泡里边，两个小人儿的背景色是不同的，代表着正反两方。

对于绝大部分思维导图来说，相邻板块之间要用对比鲜明的颜色做一个区分。而这最后一张思维导图上，除夕是一个喜庆的日子，我们也可以这样去使用颜色，在每一个版块上，可以用一些相近但不同的颜色。让整体的色调偏红，这样这张思维导图就有喜庆的感觉了。

再比如，如果我们是为了纪念某一个逝去的人物，或者是一个比较悲痛的事件，就不建议用大红大紫的颜色，我们可以用一些暗一点的颜色，或者是纯黑色画完整张导图。

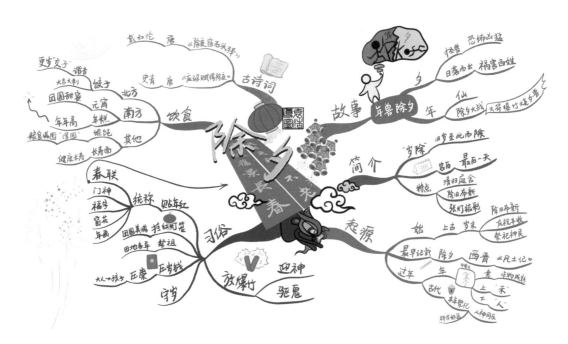

画出属于你的思维导图

　　每个人心中的除夕节思维导图都不一样，小朋友们，发挥你的想象力，画出你心中关于除夕节的思维导图吧！

作者简介

文字作者：王会东

    中学高级教师，中华诗词学会会员。先后任青龙作家协会副主席、青龙诗词学会副会长、秦皇岛市诗词学会理事。在《中华诗词》《中华辞赋》等10多种省级以上刊物发表诗词作品100多首，并有作品在第三届"诗词中国"传统诗词大赛中获奖。已出版个人诗词专集《东篱集》。

思维导图作者：袁浩

    英国博赞思维导图认证TBLI讲师，师从思维导图发明人Tony Buzan教授和世界思维导图锦标赛首位中国冠军刘艳老师。

    第九届世界思维导图锦标赛官方认证选手训练讲师、北京赛区副裁判长；世界思维导图理事会编委会成员；中国最大手绘思维导图指导老师；得到APP每天听本书脑图作者。